超预期

智能时代提升客户黏性的服务细节

[美] 莱昂纳多·因基莱里　迈卡·所罗门 / 著

Leonardo
Inghilleri

Micah
Solomon

江西人民出版社
Jiangxi People's Publishing House
全 国 百 佳 出 版 社

序　言

　　所谓的客户关系管理，常以其数量、速度和"效率"为荣。这可能在理论上听起来有道理，但真正起作用、对公司有战略价值的是忠诚度：客户忠诚度、员工忠诚度。如果不知道如何建立此类忠诚度，即使有创新力的公司也举步维艰。公司可以随心所欲地摆弄数据，随心所欲构建庞大的客户群。但他们真正给员工自主决断的权力吗？如果没有，当员工感到前途无望时他们就会离开。客户、股东以及其他利益相关者最终无以为继，不管你的产品和服务多么有创意，多么值得称赞。

实实在在的服务，有人对你笑脸相迎、伸出援手，是人人都希望得到的。但如何做到这一点，却远非人人都明白。问题在于这些原则并不是轻易就能学会的，它常常与现代企业的实际做法背道而驰，所以你需要有人指点迷津。

于是有了这本书。《超预期》是第一本全面阐述这些原则的书，这些原则帮助丽思卡尔顿酒店赢得了两项美国马尔科姆·鲍德里奇国家质量奖，现在又指引我们打造嘉佩乐和索利斯酒店品牌。我们也将其应用到我们西培思咨询公司所服务的广大客户身上，他们来自各行各业，从餐饮服务到汽车配件，应有尽有。

这本书还有一个独特之处就是迈卡·所罗门从科技发达的21世纪的视角阐述服务之道。他在企业界和服务界所取得的非凡成就令他声名远扬。

我们所说的待客之道所遵循的原则可谓博采众家之长。有的可以追溯到古老的亚当·斯密时代，主要体现在处理员工关系和培训方面。还有许多已经深入人心的理念源自威廉·戴明、约瑟夫·朱兰和菲利浦·克劳士比这些质量管理大师的思想。但是，却是以一种新的框架呈现。

把众多的理念融合在一起是具有突破性的。你在此所读到的精彩内容将使你重新定位自己的企业，不论其规模大小，都能够以理想的个体经营者为原型，复制他们所取得的体量虽小却有非凡的成就：真正去了解你的客户，并让他们成为你的回头客。

这些视角是革命性的！不是每个人都能做到。

当我们说首席执行官要亲身指引公司的方向时，我们是认真的；当我们说绝对不能为了降低产品成本而损害客户利益时，我们是认真的；当我们说你要完全站在客户的立场，不然你就会错失良机时，我们是认真的；当我们说你要做好服务但绝非唯命是从时，我们是认真的。这些都是革命性的宣言，通过改革自身的管理体系和全面的服务创新，你将会受益无穷。感谢您阅读本书。

霍斯特·舒尔茨
丽思卡尔顿酒店公司前总裁兼首席运营官

致中国读者

承蒙后浪出版公司厚爱，将《超预期》一书介绍给中国的读者，我们感到非常荣幸和高兴。

在本书最初以英文出版后的几个月里，我们对读者的反馈倍感欣慰。一个又一个读者告诉我们，这本书里讲述的原则为他们的企业以及个人的职业前景带来了巨大变化。基于以上原因，我们很高兴看到，本书现在将以一种完全不同的语言继续传播这些重要的理念。

最后，我们一直在努力遵循和改进我们自己在《超预期》中提出的原则。因此，您可以随时联系我们，我们会尽快回复。

您能够通过邮箱 micah@micahsolomon.com 或网站 http://www.customerserviceguru.com 联系迈卡，莱昂纳多则是 leonardo@icgresults.com 或 http://www.icgresults.com。

祝您阅读愉快，愿这本书为您与客户之间的互动带来改善。

莱昂纳多·因基莱里

迈卡·所罗门

引言：市场上唯一的商家

现在你能为自己的企业做一件最为重要的事情，这件事与新技术、规模经济或先发优势都无关。

这件事更简单。

这件事更可靠。

你能做的最重要的一件事就是建立真正的客户忠诚度，每次一个客户。

当消费者成为一个忠诚的客户时，一切都会改变。对于真正的忠诚客户，你是市场上唯一的商家。所有其他品牌和商家都进

入不了他 / 她的视线。就像恋爱中的人，忠诚客户的眼里只有你。

能够意识到客户忠诚度是多么可贵的企业寥若晨星，懂得如何建立长久客户忠诚度的人更是少之又少。但是任何规模的公司都可以通过建立客户忠诚度创造丰厚的财富和稳定的业绩。经济景气时，拥有忠诚客户的企业比其他企业发展得更快；经济不景气时，拥有忠诚客户的企业有更多喘息的空间。

究其根本，建立忠诚的客户就是要花时间了解每个客户，然后用一套简单的系统将你对他们的了解转化为长久的商业关系。这样一来，你所提供的就不仅仅是一种商品——你将它转化成了一种私人关系。

当今企业面临的最主要威胁是，在客户看来，你所提供的不过是一种可替代的、可交换的商品。这种危险会波及你的每一个行动：不管你企业的优势现在看起来是如何牢不可破，但不论是技术优势、地理优势还是品牌优势，最终你引以为傲的经营模式都会失效。而且，在这个飞速变革的时代，这种情况的发生可能比你料想的还要快。

要避免这种商品化社会的威胁，就要建立持久的、忠诚的、人性的客户关系。这才是摆脱被市场淘汰的命运的最稳妥方式。

由此带来的利润也是无比丰厚的。

用超预期的体验赢得客户忠诚，给莱昂纳多参与经营的公司带来了巨大的变化，这些公司包括丽思卡尔顿酒店、宝格丽酒店、华特迪士尼公司，以及新的酒店品牌——嘉佩乐和索利斯——由莱昂纳多带领他的合作伙伴共同打造。

建立忠诚客户的原则也同样适用于你的企业。这些原则简单、实在，可以移植。并非你必须要在奢侈品行业经营才用得上它们。远远不是。

你知道，迈卡就是运用了这些原则将他在一间地下室里创办的小公司变成了一家有名的、高速增长的企业。这家靠生产和提供娱乐服务起家的小公司当初的资金来源只有一张信用卡。他用这套方法将他的绿洲唱片公司打造成了这一领域的顶级企业之一，而且还引起了权威商业刊物的关注，《成功》杂志和赛斯·高汀的畅销书《紫牛》都收录了这家企业的案例。绿洲能一举成名是因为当你按照我们所要讲述的这些原则和方法对待你的客户时，他们会报之以忠诚。

此后，莱昂纳多和迈卡将这种以建立忠诚客户为主的方法广泛地应用到各个领域：从法律公司、餐馆、银行到有机花卉种植场；从旅游公司、独立音乐制作人、会议中心到医院。客户忠诚度给它们带来了丰厚的回报——可以预见的回报——它们全都尝到了甜头。

运用这些原则得到的不只是经济上的回报。随着客户忠诚度的建立，你的职业自豪感、正直诚信以及建立积极关系的能力（在工作上，甚至在你自己的家庭中）也随之发展起来。这是自然而然的，因为赢得客户忠诚度的过程就包括关心你的客户、尊重他们、不断地为他们的需求着想。花点时间关心客户将有益于培养你的品格。

建立客户忠诚度需要下功夫和仔细思考，但它也是一个非常直接的过程。虽然有许多方面的因素是你无法掌控的——汇率、紧张的国际关系、技术革新——但有一个最重要的过程，即建立忠诚的客户，所遵循的却是可预见的、稳定的规律，而这种规律是可以掌握的，并且足以终生受用。

我们非常高兴为你指明这条道路。

目　录

专栏目录

梯子上的工程师

超预期——服务的最高境界

假设你是连锁酒店的经理。在其中一家酒店，一名维修工程师正在更换大堂天花板上的灯泡。他眼角的余光看到一位女士和她的两个儿子正从泳池走来，裹着毛巾，身上还在滴水。这位女士手里拎着好多袋子。她手忙脚乱地去开大堂的门，看上去很懊恼的样子。站在梯子上的工程师觉察到了她的窘境，于是放下手里的工具，走下梯子，穿过大堂，面带微笑地为她开门。

"欢迎回到酒店，夫人，"他说，"我来帮您拎袋子吧。您觉得我们的泳池怎么样？两个小家伙玩得开心吗？您要去几层？"他按下楼层键，走出电梯，然后回到他的梯子上。

当我们在研讨会上为各位高管和经理讲这个故事时，大家最普遍的第一反应是嫉妒："要是我的员工能达到这种服务水平，我就太激动了。"这是最典型的反应。"客户表达需求，'我'的员工会积极作出反应，"一位经理说，"他不会说'这不关我事'而是赶紧走下梯子。如果不这么做会怎样？"

确实是这样：我们都看到了不好的一面。但是还有很多令人不悦的地方。正如在这种情况下，服务是被动的：这位女士不得不手忙脚乱地去开门，因此她的不满就会表露出来，工程师就会作出反应。被动式服务对于建立忠诚的客户而言不是一种很有效的方法。要想很快建立客户忠诚度，你需要采取更好的方法。

　　当你本人、你的机构、你公司内的各级员工都能够预想到客户的需求，在客户还没来得及表达需求——甚至有时还没有意识到有某种需求时，你就先知先觉、作出反应，这时奇迹就会发生。这就是普通服务与建立客户忠诚度的服务之间的区别，前者仅仅是回应客户的需求，而后者是真正具有预见性的服务。

▷ 预见性的服务

　　让我们换一种情景：假设当时梯子上的工程师看到那位不堪重负的母亲从泳池回来，他就想："我日常的职责是换灯泡、粉刷天花板、修管道，但我在这里最想实现的目的是尽我所能为客人留下难忘的印象。"明白了这一点，他会立即从梯子上爬下来——在她还没有费力地去弄门把手或不得不敲门来引起他人注意时——为她开门。

　　维修工程师——在你的启发下——已然在提供真正能够预见客户需求的服务。工程师的帮助来得及不及时是唯一可测量的变化，但你可别小看这小小的变化，它的作用大着呢！一瞬间，这名员工预想到了客户的需求，是她尚未表达出来的一种需求。他这样做就体现了对她所遇到的特殊情况——以及对她个人的尊重。

这种特殊的服务是赢得客户忠诚度非常可靠的途径。在以后的章节，你会掌握如何把这种服务变成常规而不是例外，让公司各层级都习以为常。

你可能有所怀疑。

你也许会怀疑你的维修工程师或其他各级员工会不会如此驾轻就熟地预想到客户的需求。我们会向你展示如何做，为什么他可以做到并且会去做。

你也许会怀疑你能否负担得起这么高水平的服务。正如我们的一位学生所言，"在莱昂纳多的某个五星级度假酒店，我或许能看到这种服务。但是在迈卡的那种自己一手打拼创办的公司里，怎么能达到那样的服务水平呢？至于我个人的公司，我只需要我的维修员工待在梯子上，干好他们分内的事就行了，多谢您的指导！"

其实，建立卓越的服务体系对几乎所有的企业而言都是具有成本效益的：它是系统的客户服务所产生的必然结果。这样的服务在相对合理的短时间内会带来很大的益处。

▷ 从紧要的步骤说起

在转入我们的正题：通过预见式服务建立最重要的忠诚客户之前，我们希望你对一个更基本的初始步骤已有所了解：打造最纯粹的客户满意度。我们先从这一步说起。

客户满意的四要素

完美的产品、周到的服务、及时以及
有效的问题解决过程

在没有掌握这方面的基本概念之前，学习更专业的高级课程毫无用处。同样地，你要先满足一定的前提条件才能提供卓越的、以建立客户忠诚度为目的的服务。

首先，要善于满足客户更基本的愿望。也就是说，要学会让客户满意。

满意的客户是什么样的呢？她觉得你的公司提供了合理的解决方案，并且服务周到。如果问起来，她会为你说好话。尽管她觉得你的公司不错，但她还没有成为你的品牌的忠实拥护者，而且，不像真正的忠诚客户，她还有可能被别人拉走。仅仅是满意的客户仍然是一个自由人，她还在市场中寻觅。

她的目光依然在四处搜寻。

尽管如此，单纯的客户满意是我们称之为真正的客户忠诚度的一个基础。幸运的是，客户满意度建立在以下四个可预测因素的基础上。无论何时，如果客户都能得到以下所述服务，他们就会觉得很满意：

1. 完美的产品

2. 由细心周到、热情友善的人员提供

3. 及时

……而且（因为上述三项中的任何一项都可能出现纰漏）

4. 伴随着有效的问题解决过程

▷ **完美的产品**

客户想要完美无瑕的产品和服务，所以你设计的产品或提供的服务要在可预见的范围内具备完善的功能。

事情有时也会出错。你的产品、你的人员有时也会因为一些不可预见的情况而出现差错。但是，站在客户的角度，马虎粗心或不完备的产品或服务设计是不能容忍的。

假设你在为一个照片冲印网站配备人手。暂且叫它 Stutterfly 影印馆。根据你的经验，每 100 张内部订单需要 1 个印前技术人员。假设你现在要做好准备随时接受最多 1,000 张的相片订单。那么你需要几个技术人员呢？ 10 个？也许。但是"设计完美"的答案应该充分考虑到缺勤、最后一分钟无法到场，以及休假等因素：任何一种让你手头一下子派不出 10 个技术人员去处理内部订单的合理情形都要考虑在内。此外，你的"完美设计"还包括为这些技术人员提供他们所需的所有材料、工具、资源和信息，让他们把活儿干得漂漂亮亮。

当然，有时也会发生意想不到的事情：10 个技术人员中有

6 人可能在同一个晚上感染了流感，或者一场大地震摧毁了造纸厂，让你无法完成任务。产品也不是总能够万无一失地送达，这点我们都知道。

但是，你必须把它设计得非常完美——所有能够想到的都要预料到。

有缺陷的设计

显然，让飞机起飞并到达目的地是很复杂的，存在许多变数。任何一个理性的乘客都可以理解这一"产品"（正如当今市场上的大多数产品，实际上都是产品和服务的结合）的服务不时会出点毛病。但设计本身的缺陷并不能成为借口。试问你认识的一些旅行常客，有没有人在星期五下午 5 点以后赶上过一班从纽约拉瓜迪亚机场起飞的准点航班。（或许我们运气特别差，我们还在等待第一次！）换句话说，这项服务在可预见的范围内是设计好要出问题的。

▷ **由细心周到的人员提供**

你完美的产品，现在需要由细心周到、热情友善的人员来提供。让我们想象一下，产品及其提供是如何共同来决定客户满意度的。假设我们在亚特兰大哈兹菲尔德 - 杰克逊国际机场。眼前的画面是普普通通的过道，排着长队的柜台，你多想找个理由不用赶在感恩节的前几天来换机票：在用绳子围起来的弯弯曲曲的队伍中，人们在等候五个柜员中的任何一个为他们办理手续。终于，你挪到前面了。现在你排在队伍的第一个，耐心地等候柜员的接待。

你听到了什么?

"下一个!"

嗯。随着你一步步地靠近，你发现她没等上一个旅客办完就在说"下一个"了。

于是你站在那里，等着她完成前一笔交易。

终于，她停止敲击键盘，看着你，简短地问一句："什么事?"

你回答说："我临时改变计划。能否换张票，这样我就可以改飞华盛顿杜勒斯国际机场?"

"嗯……"

她接过你的证件，把登机牌给你——没有看你一眼。

"下一个!"

你拿着登机牌，穿过安检，登上飞机，安全着陆，准时到达目的地。你得到了一个完美的产品：在任何人看来，它都是一个百分之百完美无瑕的产品。

但你觉得满意吗?

当然不满意。

好吧。现在我们换种情形。同样的机场，同样曲曲折折的长队，排在你前面的是那些同样的人。你终于又排到了前面，安静地等待着某个柜员招呼你。

"排在下一位的旅客，请问有什么需要帮忙吗？"（你走上前去。）

"早上好，先生。让您久等了。今天过得好吗？"

"还不错，谢谢。你怎么样？"

"很好。今天有什么需要我帮忙吗？"

"我临时改变计划，需要飞往华盛顿杜勒斯国际机场。"

"很高兴能帮您这个忙。我听说这个周末华盛顿的天气还不算太糟。您是要和家人团聚过感恩节吧？"

"不，只是出差。但是出完这趟差我要马上赶回家过节。"（她查看了你的证件后把登机牌交给你。）

"我还能为您做点什么吗？"

"没有了，就这些。"

"那好，祝您旅途愉快。"

"非常感谢。"

"感谢您乘坐我们的航班。"

这样沟通又如何呢？很好，对吧？像这样的交流，即使只是与其中一名细心、友好的员工打交道，也会让我们觉得和整个公司做生意都很愉快。

现在你通过了长长的安检队伍，到达登机口。直到此时你才注意到登机牌上写着达拉斯，而不是杜勒斯。

嗯……现在你还觉得满意吗？

当然不会——如果产品或服务有瑕疵，不管服务多么热情也不会令你满意。

▷ 及时的服务

在这个充满了 iPhone 和即时通信的世界，服务及不及时由客户说了算。一件完美的产品，热情而细心的服务人员把它送晚了，这和产品有瑕疵没什么两样。

客户凭以往的经验对产品寄予某种期望，所以服务及时的标准变得越来越苛刻。今天你的客户认为及时的服务，不仅比她父母那一代所能接受的标准要严格，甚至比她姐姐所能接受的标准都要严格。

仅仅是亚马逊严格的供货和配送链，就把网上服务的及时性门槛抬高了，但事情还没有结束：它们快捷的网上递送服务也提高了线下客户对服务的预期。实际上，对于大多数经营实体店的商家而言，专门为上门客户订货的经营理念早已过时。如果客户来了，你店里没有存货，他会自己上网去找。

只有当客户所求是真正为其定做的产品时，他才会有耐心去等待。这些东西是你专门为他一人定做的，比如工艺品、橱柜、或是一餐美食。事实上，对于那些真正按客户需求定制的产品，交货太快，反而会让客户觉得质量欠佳或是预先做好的成品。这其中的窍门是一样的：了解你的客户对"及时"的定义，并遵从他们的定义——而不是你自己的定义。

重新设定你无法满足的客户预期

假设你是一名律师。你的当事人打来电话，给你留言提出他的要求。你毫不迟疑，开始着手研究寻求的答案。你颇为自豪——在当事人提出要求四天后——你拿出了一份经过仔细推敲、认真研究的意见，结果发现你的当事人已经非常恼火！为什么？这家伙怎么了？难道他不明白这件事有多复杂吗？

其实，不是。在你的当事人看来，在所有涉及法律的问题上你是专家，他希望你能很快答复他。可是，你却用了整整四天时间才回复他。

如果你对当事人对你的期望有所了解，你可能一开始就会拿起电话打给他："你好，比尔。我是杰尼。谢谢你提出的要求。这事很复杂，我需要几天时间好好研究一下。我会在这周末给你意见。尽快答复你！"你应该有言在先，重新设定他的预期，以防他对你失去信心和信任，就像现在这样。等到你终于可以给他回话时，你应该让他对你所付出的辛勤劳动感激不尽。这种设定明确期望的方法很简单，但奇怪的是很少有人用。你试试看灵不灵。

▷ 有效的问题解决过程

服务出现纰漏或客户遇到其他问题时，正是商业关系中最关键的情感交流时机。因此，妥善地处理好这些问题会对你的商业成功产生事半功倍的效果。这就是为什么你要有一个有效的问题解决过程。

有效地解决问题听起来不是很难达到的目标。到达大本营也是这样——直到你发现自己是在攀登德纳里峰（位于美国阿拉斯加州，北美洲第一高峰。——编者注）时，才会感觉有点难。为什么会这样？"有效"不是衡量你是否把情况恢复到出问题前的状态。"有效"衡量的是你是否重新让客户满意。

这是有挑战性的，但是非常值得去做。有效地解决一个服务问题，你的客户就更可能成为一个忠诚的客户，比一开始没遇到问题时更忠诚于你。（关于这一点，我们的研究和实践经验得出了100%的结论。）为什么会这样？因为只有在出问题时，客户才能看到我们的倾情服务。当然，我们从不建议你故意犯错，然后修复得完美如初，以此赢得一些客户对你的钟爱。不过，你在处理问题时能记着这一点也是好事。

　　有效地解决问题，特别是如何处理服务方面的问题非常关键，我们会在第 4 章详细阐述这个话题。但是首先，我们需要探究一个基本的工具：语言。因为不管你为客户做了多少事，如果不用恰当的语言与他们沟通，他们永远不会感激你带给他们的一切。语言对于客户了解你的业务非常重要，它是你的品牌的一个关键元素。这是我们此行的下一站。

语言工程

每个词都有用

你的公司可能会更多地关注营销活动中使用的语言，而忽视员工与客户面对面交流时使用的语言。这是不对的，因为客户对你公司印象的好坏并不是从那些格调高雅的品牌推介活动中获得的。他们对公司的印象主要来自于与你的日常沟通，他们向他人传播的也正是这种印象。

语言是客户满意度所有其他组成要素的基础。例如：

- 一件完美的产品，除非你用恰当的语言向客户描述它，否则客户无法体会到它的完美。
- 即使最善意的、技术上也无可挑剔的员工，如果措辞不当，也会使客户疏远。
- 如果你的服务失败了，恰当的语言是最好的补救措施。

如果你还没有考虑精心地选择、控制你公司的语言——即你的员工、标牌、电子邮件、语音信箱、网络自动回复系统应该对客户说什么、绝对不应该说什么——现在要开始做这件事了。

▷ 建立一致的语言风格

只有公司上下都使用一种与品牌相匹配的客户交流语言风格，

才能成就一个品牌。因此，你应该努力去建立一种上下一致的服务语言风格。

这种具有鲜明特色、在公司内普遍使用的服务语言风格不会自然形成。你需要进行社会工程（social engineering）：也就是说，系统地培训你的员工。想象一下，比如，你为新开张的高级珠宝精品店挑选了 10 名很有潜力的销售人员。在开业当天，你给他们准备了制服、时髦的发型设计，鼓励他们成为你自己商店品牌的卡地亚先生或卡地亚女士。但是他们仍然会以在家中说话的方式与客户交流：也就是说，你要用一种完全不同的语言风格去培训他们，才能改变他们的说话方式。

令人高兴的是，"策划"整个公司的语言风格是一个积极的、相互合作的过程。如果你方法得当，你就不用去"堵"任何人的嘴巴或向任何人施压。一旦所有员工都明白了其中的道理，它就变成了一种挑战，而不是障碍。与客户关系的改善、完成使命的集体荣誉感会让员工觉得这样做是值得的。最终，他们会发现这种做法在公司非常受欢迎。

接下来我们谈谈如何做到这一点。

▷ 创建推荐用语和词汇表

为了推出丽思卡尔顿豪华酒店的品牌，从一开始，公司的创始总裁兼首席运营官霍斯特·舒尔茨和他的团队就决定创建一套理想的、与客户沟通的语言，然后培训员工去使用。经常使用某些词语有助于增强员工的凝聚力，使他们产生共同的身份认同感，形成特有的"丽思风格"，公众很容易就能辨别出来：诸如"我很高兴""马上""一定"以及——我本人最喜欢的一句——"我们今晚已经安排满了。"（意即："兄弟，我们的房间都订光了！"）避免使用的词语包括"各位""嘿""你们这些人"和"行"等。

（21世纪的人们很容易忽略在这些词背后所下的功夫，因为丽思风格的语言现在已经风靡服务业。这其中有几方面的原因：一些主流媒体的专栏作家如已故的威廉·萨费尔和其他记者对丽思卡尔顿现象的报道，使丽思风格的语言进入了公众的视野，促使竞争者效仿；丽思卡尔顿的学员分散到其他公司，也会有意识地把丽思风格的语言带过去或把它作为自身的第二特征带到新岗位。）

我们建议你采取类似丽思式的方法，虽然没必要追求和他们一样的英国乡村庄园式风格。你可以研究一下最适用于你自己客户的语言，明确哪些语言不妥当、应该避免。把它编成一本简明词汇表或语言手册，让员工在工作中随时学习参考。在这份词汇表中，你要说明哪些词语用在哪种场合最佳，哪些词语要避免在哪种场合使用。

编一本语言手册相对来讲并不难，不需要你有语言学位。但是需要你事先考虑、试验，还需要一些对人性的思考。下面是一些迈卡为他的公司编制的手册中恰当或不恰当的语言选择的例子（关于他的绿洲公司的更多例子和情景见附录）：

不恰当："您欠……"

恰当："我们的记录显示余额为……"

不恰当："您需要……"（这会让一些客户想道："我什么也不需要做啊，伙计——我是你的客户！"）

恰当："我们发现这样使用通常会达到最佳效果……"

不恰当："请别挂机。"

恰当："可否请您稍等一下？"（然后真正倾听来电者的答复）

好的词汇表会根据所属行业、所服务的对象和所在的地方不同而有所变化。"不用担心！"这句爽快的话如果出自波特兰一家经营博斯（Bose）汽车音响用品小店（小镇上的一家非正规小店）的店员之口，会让你觉得很亲切，但如果是米兰的四季酒店的门童这样说就很怪。

▷ 选择语言是让客户觉得自在，而不是支配他们

不管做什么生意，切记不要在你的词汇表中使用任何居高临下或强硬的措辞。有时这类语言很明显，但有时却较隐晦，此处

列举一二：

略带侮辱： 在非正规生意场合，如果客户和你打招呼："你好吗？"你回答"我很好，"从语法来讲是正确的——但也许不是最佳选择。听到这句完全"正确"的回答，客户可能会马上意识到自己的语法掌握得不够好。如果让你的员工选用其他更为熟悉的表达方式可能会好一些，比如，"我过得很好！"或者"好极了！"（当然最重要的是紧接着问候一声客户"您今天早上过得怎么样？"）

略带强硬： 我们可能还记得一家有名的牛排餐厅培训他们的员工安排客人就座时询问，"您今晚喜欢来点什么瓶装水，普通水还是汽水？"我们认为这样说的意思是我们不可以要自来水。

（几乎每家餐厅都会遇到这种情况，用哪种方式询问更好呢？比如："您喜欢冰水还是瓶装水？"或者，换成下面这种问法，可以让服务员有机会先与顾客建立良好的关系，顺便推荐一些地方风味。几年前，在一个芝加哥朋友开的餐厅，服务员是这样询问顾客的，"给您来点瓶装水还是戴利市长喜欢的最优质的水？"）

我们相信在大多数行业，这种具有丽思卡尔顿风格的"此语适用、彼语勿用"的用语指南可以最大限度地让客户满意，而且有助于将员工凝聚成一个团队。但如果你觉得为员工制定某些特定的用语或词汇太过程式化（或太烦琐），起码你要考虑编写一本"禁用词语表"，列出不应该使用的一些关键词语。

在给纽约的餐厅和酒店老板授课后，我们把禁用词语表叫做丹尼·迈耶策略。迈耶觉得给员工列一张表，规定他们该说什么，这样做让人感觉不是太好，但他会毫不犹豫地禁止员工使用某些他听起来很刺耳的语言（"我们还要整这只羊吗？"）[1]

禁用词语表可以写得简洁明了、简便易学。当然，随着时间的推移，也会出现一些新的、有问题的词语。最好你能像《连线》杂志更新它的"新术语"栏目一样时常更新你的词汇表。

▷ 与客户交流的关键时刻

在语言上下功夫，需要在与客户交流的过程中抓住最生动的、情感交流的关键时刻。以伊丽莎白·洛夫特斯（Elizabeth Loftus）为首的社会心理学家已经证明，在储存信息时，人类的记忆会极端地简化我们的情感体验；正常情况下，我们的大脑只会保留每个场景中最生动的一幕，对其余可能发生过的任何事情则忽略不计。[2]

所以，在语言上花费的精力要集中在抓住那些留下生动记忆的时刻：问候（让你的问候始终充满温馨和个性化的特点）、道别（让你的道别更精彩），以及在服务出现问题后补救时（你应该比其他任何人都处理得更得体）。

文化背景板

心理学家发现，两个人听完全相同的一段对话能够对其中所涉及的人物产生完全不同的印象。在你工作的地方，你可能也会注意到类似的情况：你觉得同事吉姆待人友善；但玛格丽特却认为他是个马屁精。

为什么会出现这样的情况呢？文化差异是一个主要原因。文化是一个社会团体长期以来形成的一套假设、传统和价值观念的总和。因此，与你所处的文化背景不同的社会成员，可能以你无法理解的方式来解读你的行为，因为他们有自己的假设、传统和价值观。当你与其他国家——甚至是你本国不同文化圈子的客户打交道时，文化差异有时会造成特别坏的印象。为了能够控制这一风险，你首先要对你所服务的对象的文化习俗了如指掌，而且对跨文化交流也要有点研究。在这方面有一些很不错的书可供参考，比如布鲁克斯·彼得森的《文化智慧：与其他文化的人工作指南》（ *Cultural Intelligence: A Guide to Working with People from Other Cultures* ）。

切记：要灵活运用你的新专长。不同的个体并不总是遵从同样的文化假设、规范或价值观；性格或家庭背景是影响一个人价值观的一个更重要的因素。你会反复听到我们的忠告：要把客户看成个体而不是群体。这一核心原则也适用于不同文化之间的交流。

▷ 阿蒂·博考原则

美国电视连续剧《黑道家族》中的阿蒂·博考，一开始是个成功的餐厅老板。但是，生意日渐萧条。最终，他的妻子查梅娜不得不忍痛告诉他事情的真相：客人们来他的餐厅是为了彼此相聚，而不是因为他。这些特别的时刻只属于他们，不属于他；他老是用自己认为重要的事情打断他们，这反而把客人赶跑了。可惜阿蒂在和客人交流时从来没有察觉到这一点。如果他能听出言外之意，他早应该像妻子一样明察秋毫。

他的妻子懂得倾听。

要让你公司的员工意识到倾听的重要。学会调整自己的语言表达，以迎合客户的兴趣和情绪。

有时也要学会保持沉默。

▷ 语言也有其局限性

视觉和肢体语言传递的信息胜过语言本身。言与行要一致，不要让非语言表达的信息与你所说的话相悖，比如：

- 员工嘴上说着"欢迎"，而他的身体语言却似乎在说"走开！"

- 第一次见面，员工的座椅背对着来访的顾客，或者，椅子向着顾客，但他却"高效率"地忙着在电脑上操作，压根儿没准备迎接顾客。

- 办公大楼的小坡道上堆满了东西，门很重，很难开。（对于坐着轮椅、患有关节炎，或推着婴儿车的顾客来讲，这"说明"了什么？）

- 把一些小的物件锁起来，这种做法有点侮辱你的顾客：比如，把开塞钻用链锁锁上以防被盗——这可是在四星级酒店？！

这是真事——最近外出旅行时，我们就碰到过在一家非常高级的酒店的客房内，一个开塞钻用一根固定在迷你酒柜上的类似于锁自行车的金属链锁系着。你千万别这样含沙射影地暗示你的客户不值得信任。如果你这样做了，就再也别想他们回报给你忠诚和信任了。

▷ 带路而不是仅仅口头指示方向

不要向客户口头指示方向。口头指引方向容易使人糊涂，也很难记清楚，会让人心里不安。当客户问你去某个地方怎么走，亲自带他过去。

那些有钱人虽然坐私人飞机旅行、在超豪华的嘉佩乐度假酒店下榻，但他们也和我们大家一样，也要用卫生间。所以，莱昂纳多说，"我们不会只告诉他们'沿大厅直走，然后右转，走5米，再向左转。'我们会陪他们走到最后一个转弯处，然后再返回，因为涉及他人隐私。"或者，按照嘉佩乐的服务标准："要护送客人直到他们弄清楚方向或是能够看到目的地。"

这一标准已广泛应用于其他的顶级服务场所。菲比·丹若许曾在世界级名厨托马斯·凯勒开设的一家名为 Per Se 的四星级餐厅担任过领班，根据她的亲身经历，凯勒餐厅守则第 20 条规定："当客人问卫生间在哪儿时，要为客人领路，而不是简单地指指方向。"（菲比还提到了一个我们自己不曾体验过的负面效应：她说，有些男顾客对这种服务感到很困惑，也许他们误认为她会陪他们走到卫生间并提供帮助。"我一直想说，先生，您给我的18% 的服务费里可不含这一项。"[3]）

▷ 电话和网络沟通指南

这是我们对来电审查的建议：不要审查。切记不要！尽量不要让你公司的任何人、任何部门对来电进行审查。

这可能是我们提出的最不受欢迎的建议。当客户第一次听到这个建议时，通常都认为我们疯了。（你也不喜欢这一条，对吧？）但是经验告诉我们，只这一个变化就能极大地提高客户的满意度——附带的好处，就是公司效率提高。

来电审查有何不妥吗？还未开口就责难对方，没有比这更快的方法让你疏远潜在的客户（以及生意上的伙伴）了。如果有人想和你说话，那就让他说吧。如果你不是他要找的人，你可以迅速、礼貌地将他的来电转给其他人。这样做的效果会令你大吃一惊。

如果你确实有必要对来电进行审查怎么办？（或许你是亚马逊的首席执行官杰夫·贝佐斯，潜在的卖家不会给你片刻的安宁，即使你不是他们要找的人，他们也会不停地打电话过来。）至少你要制定一个谨慎的来电审查方案，要顾及来电者的感受：

不恰当的审查："你是谁呀？"（不管后面是不是带一个勉强的"请"字。）"他知道你为什么打电话来吗？""你和谁在一起？""你打电话的性质和目的是什么？"

恰当的审查："当然。我可以告诉贝佐斯先生是哪位打电话给他吗？"（事实上，来电者不一定非要找杰夫。但这样做既不会惹恼对方，又顾及了他的感受。不会让人觉得要通过审查才能过关——虽然事实上是这样。）

我们长着嘴就要说话。莱昂纳多和迈卡——以及我们在工作中碰到过的一些最优秀的企业老板——都不会进行来电审查。从历史上看，许多业界巨头，包括山姆·沃尔顿在内，都是出了名的接听电话来者不拒（我们可以想象在山姆过世数年后，沃尔玛就宣布了一项官方的"减少客户接触"计划，其中一项就是不再为网上客户提供甚至最基本的 800 电话咨询服务，闻此，山姆一定惊得在棺材里翻几个跟头。）[4]

要想"通过电话好好谈"，你必须得接听电话！别只顾着把话说正确，还要有前提条件。把握好电话铃响的次数：响一次或两次时接起是最好的，千万不要等铃声响过三次后才接听。

这就是为什么：电话铃响三次，大概是 12 秒的时间，来电者会变得焦虑。响了五六声后没人接听，他们会很沮丧。响了八九声后，他们会很生气。响了超过十声后还没人接，他们当然非常恼怒，会挂断电话。要向你的员工解释清楚这些原因，这样他们才会更加支持"电话铃响不能超过三次"的原则，因为他们理解这样做会大大地减少客户的焦虑情绪。

在网络空间，有模拟接线员立即接听你的电话。下面所说的情况似乎是理所当然的事，但请耐心听我们说，我们在这方面发现的问题还不少。你确定你网页上的"请求信息"表格在客户填妥后确实被发送到要发送的地方吗？如果是，这些表格得到迅速回复了吗？你可能会惊奇地发现，由于书写上的错误，这些表格最后不知所终。或者，更糟糕的是，它们在整个流程的某个环节被耽搁了，几天后才被成批地予以回复——在网络上，这种时间间隔是根本无法接受的。这种服务上的失败暂时是看不到的，但最终会显现出来，阻碍公司的成长。

你的技术人员可以通过复杂的、"统计有效"的测试系统防止这类问题的发生，这很重要。但除了技术检测以外，你觉得不放心时也要随时检查一下：就当你自己是客户，任何事都亲身体验。时不时地查看一下，不要认为任何事都理所当然。这种"不轻信任何人"的做法会让你成为极少数真正懂得从客户的角度完善服务体系的管理者。

在网络上，没人知道你真的是个人（所以要以自己的方式证明）。许多商家把互联网技术作为一种手段给自己蒙上一层人的色彩。结果，即便活生生的客服人员想和网上客户一对一接触，也会受到过分的怀疑。要把这些负面的预期转化成你的优势，还是有办法的——让他们注意到你的存在。这里有几个例子：

如果你要群发信息，那么建立一个能让客户即刻接触到真人的沟通方式。如果有 60,000 个人要求每月收到署名为"迈卡·所罗门"的自动商业邮件，你是其中的一个，试着回复邮件，看看谁会联系你？是真正的迈卡本人。（请看下一页的小提示，迈卡如何做到这一点，同时每天还要完成其他的工作）。再比较一下其他的网上商家，许多人在群发邮件时，开头和结尾常常是诸如此类的话：

"请勿回复本邮件。"

对客户而言，这听着像是说：

"安静，客户：我们正在点你给的钞票，别打扰我们！"

这不在于你的通信系统有多完善、效率有多高、技术多么"准确无误"；如果它让你显得冷冰冰的，像个机器人，那么你和客户的关系也会岌岌可危。

如果你的网站有"在线聊天"功能，你一定要表明是真真

正正的人在提供服务。即使你已经派了最优秀、最专业的员工来负责网上聊天热线，如果不报全名，你的服务也会大打折扣。因为即使是最有风度、最亲切的员工，如果只是通过键盘打出一行"你好！我是 X 公司的简（女子名）"，无法与网上客户建立长期的关系。客户会认为"简"是一个公司无人座席代码——甚至只是电脑程序！如果你发给客户的建议是事先录制好的内容，她/他自然没兴趣再接收这类信息。这种怀疑并不是你公司的"简"的错，而是在她之前的所有冒牌"简"的错。但有一个最简单的补救办法，就是报出全名：简·张-卡岑伯格。

任何人在点击"发送"之前，确保邮件开始要给人留下好印象。信的开头一定要有称呼（"亲爱的""你好"，等等）。所以一定不要忘了在邮件中写上称呼。我们认为即使是"你的马克！"（显然，要根据业务的正规程度和你们之间的关系而定）也比冷冰冰的一个名字（"马克——"）要好。试着用一下这些简单的规范，你会慢慢感觉到你与网上客户之间的关系在升温。

如何让群发邮件更有人情味

如果你手上拿着 60,000 个客户的电子邮件列表，你真的能抽出时间——回复那些要求你亲自答复的邮件吗？迈卡确实这样做了。他发现也不像听着那么可怕，而且建议你也试一下。他的理由是：

"要求我每月发给他们一份商品信息或销售信息的大多数客户，其实并不需要逐个与我交流。如有需要，他们只需点击一下想要点的自动链接就可以了（比如，本月有哪些产品推出）。如果有人对我们的服务不满意，或是想让我帮他的孩子选一件青少年棒球联盟的球衣，我觉得要让他们直接就能找到我，而不必几经周折。因为，我希望我能让他们放心，我们会认真对待这个问题，或者立马找人帮他们解决。这就是为什么我要确保客户点击'回复'或'迈卡'后可以直接把邮件发送给我的原因。

"这花不了我多少时间。只有少数人会这样做，设置一个也并不复杂——不管你的网络供应商是怎么跟你说的。"

补救！

扭转服务失败的局面

服务出现问题在所难免。一场冰雹使你错过了船运的最后期限，无法按时给客户发货；服务员把茶碟掉在了客人的膝盖上；电脑突然死机。某个关键人物事先不说一声就丢下你不管了——唯独这一天你不能安排报道。

所有这些，可能都是潜在的好事。

服务出问题会让人心里不舒服，需要通过培训来解决。但是你会发现在最糟糕的时候也暗藏着某种机会：把客户拉近的机会。事实上，如果你能学会妥善地处理这些问题，它们将有助于你建立忠诚的客户。下面我们谈谈具体的方法。

▷ **意大利妈妈法**

我们在补救服务出现的问题时，应该向一位可敬的意大利母亲学习。想象一下这个情景，一位很宠孩子的母亲跟着一个蹒跚学步的小孩，孩子跌倒了：

噢，宝贝，快看看怎么了！噢，你在边道上把膝盖划破了，我的宝贝；让妈妈亲亲那个可怕的伤口。我们看会儿电视好吗？给你吃个棒棒糖，妈妈给你包扎伤口！

这里，我们把孩子说的话省去。我们建议你像这位母亲一样去应对服务出现的问题。

这种回应方式你是不是觉得不习惯？可以理解，因为在大多数情况下，处理服务问题采用的都是一种可以称之为法庭式的方法：

> 让我们先搞清楚实际情况。是在哪个角度、什么时间发生的碰撞，你当时有没有按照用户手册的要求穿着合适的防护服？我还要问问你，年轻人：你有没有超速？

▷ 成功补救服务的四个步骤

对服务人员来说，很难改掉这种律师一样的做事习惯。要让你的员工一改法庭作风，并且确保他们不再故态复萌，要按特定的步骤一步步地对待每次失败：

❶ 道歉并请求原谅。

❷ 与客户一起检查投诉的问题。

❸ 解决问题并继续跟进：要么在 20 分钟内解决问题，要么

在 20 分钟内再联系一下客户，告诉他进展如何。问题解决后还要继续跟进，以表明你仍在关心这件事以及对他的感激。

❹ 将出现的问题详细记录下来，以便发现其中的规律，彻底完善存在的不足。

下面我们具体谈谈每个步骤。

第 1 步：道歉并请求原谅。要真诚地亲自表达歉意，而不是机械地道歉。有很多新颖、巧妙的道歉方法，可以充分表达出你已深刻地认识到这一问题并且对客户所遭受的一切表示遗憾。

客户想从你的道歉中得到什么呢？他想得到你的倾听，想知道你是真正地抱歉，想知道你认为他是对的，至少在某种程度上是这样。他想知道你是在严肃认真地对待他提出的问题。

总之，他要感觉到他对你很重要。

这意味着要想成功地道歉，挽回客户对你的印象，关键是一开始你要表明你会站在他这边，支持他的观点。

先安抚好你的员工

当自己的员工第一次听到你会站在客户一边时，让他们先别激动。（"老板会责备我吗？她真的相信那个傻瓜的一面之词？"）你要向他们解释清楚，同情甚至是放大客户的感受常常是必要的。客观上讲，客户也许对，也许不对。但不管怎样，你会偏向客户一些，因为客户是你的上帝——客户付支票给你，也付给你公司的每位员工。

这是人的本性，要经常反复强调这一点。

要注意道歉的方式，因为不真诚的道歉会疏远客户。我们大家都一样，有时你也会觉得要装出一副认真道歉的样子，而其实你是在极力为自己辩护。所以你要学会甄别伪道歉——包括你自己的和员工的——为了维护你与客户的关系。

伪道歉可能会很隐蔽。有些你不细想根本发现不了。比方说，一个很简单的例子，"请接受我的道歉。"如果这句话是匆忙说出口，而且很冷淡，那么它就像是在下命令："既然已经接受我的道歉了，这件事我们就到此为止，不要再在这里纠缠了。"

再举一个典型的例子："如果您说的是对的，我一定道歉。"（意思是：亲爱的顾客，您在撒谎。）

这个也不能算是道歉："听到这我很抱歉。我们有非常好的服务人员，所以听到您说不满意，我感到很惊讶。"（意思是："如果您和她都处不好，那么您和任何人都无法相处。"）

成功道歉的一个关键是延长道歉的时间，直到客户开始真正接受你。这种道歉方式一开始会让人觉得很难堪，员工也很难做到。部分是由于服务人员更习惯于用行动来说话：他们自然是想赶紧解决问题。务实当然是好事，但服务的补救不仅仅是一个明确的、涉及具体细节的过程，它也是有感情和人情味的。要和你的客户进行情感的交流，把道歉的节奏放缓。

多练练就能慢下来，而且它所带来的回报值得你去投资：渐渐地，客户的愤怒开始转为善意。当不急不躁的道歉最终驱散客户的怒气时，她会自觉地说出这样的话："我理解这不是你的错。"表明她开始和你站在一起。这种语气的缓和就告诉你可以进行第 2 步了。

第 2 步：与客户一起检查投诉的问题。通过第 1 步，你已经开始与客户结成同盟；在接下来的第 2 步，这种合作关系会促使你进一步了解客户的需求，以期达到一个客户满意的好结果。

要全面了解客户的问题，常常需要提一些基本的问题——有些甚至有点侮辱客户的意思，比如"您确信您输对密码了吗？""您插上插头了吗？"这种问题可能会惹恼客户，如果你没有经过第 1 步就提出这样的问题，肯定会让人觉得很无礼。但是当你已经通过第 1 步与客户建立起合作关系，再提同样的问题就容易被接受了。

先把所有的基本问题都问清楚了，不要急于跳到解决问题的步骤。

你和客户最终会走到那一步的。

服务补救的语言

正如我们在第 3 章提到的，语言在服务补救过程中起着关键作用，这点要在你为公司编制的词汇表中说明。在进行补救时，细节会更重要：如果用词不当、表达欠妥，你就永远无法成功地解决问题。"我很抱歉，我向您道歉。"这些话如果出自真心，你的客户是愿意听的。"这是我们的政策"以及任何类似于"你错了"的表达一定要摒弃。

如果真的是客户错了，指出错误要有真正的理由（例如，涉及安全或法律要求），而且要委婉、含蓄地表达出来——比如"我们的记录好像显示"和"也许……"，让她既能认识到自己的错误，又不失颜面。

实际上，最让人恼火的基本问题，"您插上插头了吗？"也可以换一种方式表达，"也许墙上的接口松了，您能帮我检查一下插插座的地方吗？"

第 3 步：解决问题并继续跟进。你已决定将不符合标准的服务或产品替换掉。这一步是对的——但这仅仅是第一步。别忘了你已经让客户感到焦虑，并且给她带来了诸多不便，拖了她的后腿，现在仅仅是把她所期望得到的还给她，这是不会重新令她满意的。

处理问题的一个关键原则是要解决客户所感受到的不公正待遇——她被冤枉了，或者你令她失望了。为此，你要给她一些额外的补偿。

你可以想办法让微笑重新回到客户的脸上，不管是免费地升级服务还是提供其他更新颖的东西，比如，安排专家与客户进行一对一咨询。你要和受了委屈的客户一道，搞清楚什么才是她认为有价值的补偿，或者用你自己的主动性把事情引向正确的方向。

最理想的是，你提供的"额外补偿"能够改变整个事件的性质：无论在网上还是线下，当她说起或告诉别人这件事情时，会重点提及你为她所做的一切和为她所花的心思，当初发生的不愉快反倒不重要了。

对某些客户而言，最有价值的补偿不是物质上的补偿。如果你能给客户一个帮你出谋划策、改善公司服务的计划，有些客户会非常积极地响应。这类客户最想做的是帮你提高服务质量，避免同样的事情发生在以后的客户身上。在很多情况下，他们确实能给你支一些妙招。所以，当客户提出、甚至只是暗示你他有此意时，你要特别注意倾听他的意见，对他提出的建议表示感谢，并明确表示会转达他的建议。

对你提出批评或建议的客户往往也很愿意给你当参谋。某种程度上讲，他们是送上门的免费志愿者。加强这种联系可以慢慢地把他们变成你的忠诚客户。在服务失败时，不要把跟客户接触的机会白白浪费掉。

▷ 服务跟进的组成部分

对于不同的服务，应该采取不同的方式跟进，但都应该包括这几个组成部分：立即跟进、内部跟进和善后跟进。这些组成部分的最终目标都是为了确保你的补救措施进展顺利，让你的客户能够感受到你在认真地对待他们的事情。通过补救措施，你的公司得到了一个忠诚的客户，并且受益多多。

立即跟进 如果你自己已经把问题解决了，事后要马上和客户联系。这表明你对件事很重视。同时也可以了解到一些一直没有解决的问题。当你把客户的问题转交给其他人的时候，立即跟进也很重要。比如：假设你在销售部工作。有个客户给你打电话（因为她只认识你），反映你们公司的网站有点问题，给她造成了不便。你自然会把这个技术问题交给 IT 部门来解决。但你知道 IT 人员最后真的给她解决问题了吗？她觉得技术人员的服务周到吗？你只有亲自去问客户才知道。客户希望你——她最初的盟友——去跟进这件事，而不只是 IT 部门的某个员工。即使你很清楚 IT 人员完全有能力帮她解决好这个问题，她也希望你去跟进。

内部跟进 对于某个客户所经历的失败服务，公司的其他人

也要马上提高警惕。下面我们谈谈为什么这种警惕性是卓越服务的标志:

- 你的员工会知道今后再与这个客户打交道时,除了常规的质量控制以外,还要检查有没有其他问题。

- 出现问题后,要提醒你的员工以恰当的方式与这个客户打交道。不要让客户再说一遍他遇到的麻烦,这不是他的责任——除非他想解释。也不应该强迫他"装出开心的样子"来迎合你的员工抱有的不正确期望。他们早应该知道客户的遭遇了。例如,一家餐厅遇到这样的客户离开时,如果经理或领班能够出来说些感谢的话,会给餐厅增色不少:"感谢您的光临,我们不胜荣幸,非常感谢您今晚的耐心等候:我们非常抱歉把您点的小菜弄错了,希望下次为您提供更好的服务。"这远远胜过你故作姿态地问一句:"您对我们今晚的服务满意吗?"听起来好像左手不知道右手掉了蛋奶酥似的。

- 你可以把不幸遇到问题的客户的资料作一特殊标记,以便她下次来访时给予特殊礼遇——即使这一特殊的礼遇只是会意的点点头或会心的一笑。

善后跟进 为了巩固与客户的关系,在事情处理完后,还要再一次书面留言或打电话向客户了解情况:"很抱歉给您带来了麻烦。您能成为我们的客户,是我们的荣幸,希望下次继续为您服务。"如果是网上业务,写一封电子邮件也可以,但效果就不同了。

第 4 步：详细记录遇到的问题。解决客户的问题后，你自然想喘口气儿。但是，一定要确保你的员工进行过记录方面的培训，每一次的时间、发生的具体问题都要详细记录——趁热打铁把它记下来。我们称之为沉淀。你要一丝不苟地做记录：若要避免以后发生严重的问题，唯一的办法是把问题详细地记录下来，以便日后认真分析。

根据你所从事的业务，这种沉淀可以是高科技形式的也可以是低技术含量的。可以先把信息归入事件处理文件夹、问题日志，或口头汇报，或者直接录入电脑。不管采用哪种形式，都应该包含尽量详尽的信息。对特殊细节的要求取决于你的公司，但通常都要包含以下内容：时间、产品或服务类型、当时的忙碌程度以及客户方面的详细情况。

使用这些记录的目的是从中发现某些倾向或规律性，即某些隐藏在背后的原因。例如，你或许注意到某个问题总是在周三下午 3:30 左右比利当班的时候发生，这会让你想到比利是不是错过了某个特殊环节的培训。或者问题只出现在上午 8:30 至 9:30，这会让你留意到货梯总是在那个时间段维修，服务速度慢得让人无法接受。或者接到的投诉都是关于你公司出售的后挡风玻璃雨刮，但仅限于东部和中西部的专卖店，这会让你发现撒了盐的路面与你公司库存的某种后挡风玻璃雨刮之间有关系。或者投诉事件只在你的客户容量达到 90% 以上时才发生，你就要考虑如何让公司在客户容量达到 90% 以上时还能高效运转（正如迪士尼主题公园所能做到的那样），还是需要扩充接待能力或限制客户总量。

失败服务或产品补偿原则

视情况而定。最重要的是灵活应变。不同的客户有不同的价值观和喜好——所以对那些向一脸不满的客户做解释工作的员工，你要放权给他酌情处理。但还是有一些原则：

- 大多数客户都能理解事情可能会出错而且也会出错。他们不能理解、不能接受，或者觉得毫无意义的是你找诸多借口。比方说，他们并不关心你公司的组织架构：你说问题出在另一个部门对他们来说毫无意义。

- 不要惊慌。问题得到妥善解决后，客户对你的信任和好感会增加，会比从未发生任何问题时更加信任你。这是可以理解的，因为你们现在有了共同的经历：通过彼此的亲密合作共同解决了问题。

- 不要以为你知道客户想用什么办法或者"应该"想用什么办法解决问题。要问。如果客户提出的要求听上去很过分或是荒谬，不要急于打消客户的念头。即使表面看上去不大可能，也许会有某种新方法可以实现客户提出的要求或近似于满足客户的要求。

- 不要讲求"公平"或"公正"。我们那位典型的娇宠孩子的意大利妈妈在安慰孩子之前并没有去调查她的宝贝是否遵守了人行道的限速规定，客户对你公司的好感也不是因为公平。是因为他们得到了很好的接待。

- 从客户的问题中汲取教训，但不要借此机会当着客户的面惩罚或培训你的员工。这是显而易见的事，但是却经常发生。要注意这一点，特别是当你有压力时。

- 不要以为你把事情恢复到原样就是专门为客户效劳了。时间一去不复返——已经过去了。第一次就把事情做好的机会？已经错过了。所以重新恢复到从前仅仅是第一步。然后你还需要给客户一些额外的补偿。妈妈包扎好膝盖，还给了孩子一根棒棒糖。如果你不知道该给某个客户哪一种"额外的补偿"，你就直说你想提供一些补偿。如果客户不喜欢红色的棒棒糖，或不吃糖，她会告诉你的。然后，你们就可以一块儿决定其他补偿。

- 时刻铭记一个忠诚客户的终生价值。对你的公司来讲，如果按照客户在十年或二十年内定期购买你公司的产品的价值来计算，拥有一个忠诚的客户相当于发了一笔小财。我们曾经在我们自己的公司和客户的公司做过有关终生客户价值的研究，常常发现一个忠诚客户的终生价值可以高达 100,000 美元——有时甚至更高。或许，在你的公司，这个数字只是几千美元，或者可能是 50 万美元。如果你曾经有过冲动要和客户因为一次隔夜运费而争吵时，这个数字值得你计算，并且牢记在心里。

▷ **运用自己的亲身体验**

在我们的日常生活中，因服务问题处理得不好而让人生气的事随处可见。我们建议：把全世界当成你的私人研究实验室。每当你作为一名顾客遇到处理不当的问题时，想想究竟错在哪里；如果你是商家，你会如何把这个问题处理得更好。那样，你就不会己所不欲而施于人了。（嘿，你现在正是用自己的亲身体会让你的公司受益。）

这里举一个莱昂纳多日常生活中的例子。几年前，他决定重新布置一下地下室。像所有其他父母一样，他觉得让孩子们在家里招待他们的朋友就可以看着他们，这样比较安全。他决定把地下室大肆改造一番：

> 于是我问两个儿子，"你们想把地下室布置成什么样？"
> "我想要个足球。"这还不容易。
> "我想要个篮球场。"这个不大好办。

　　两个孩子都想要一台大屏幕电视。我是个很宠孩子的父亲，于是我去商场买了台大屏幕电视机。老实说，价格真是够贵的。而且要把这么个庞然大物拖回家。

　　现在，任何人都可以看到我的缺点，但那时我的孩子还小，在他们眼里，我就像是中世纪的骑士，骑着高头大马，一身锃亮的铠甲，头盔上插着羽毛，腰间佩着宝剑，披着披风。

　　于是我——我是说莱昂纳多先生——和我的孩子们把电视机从箱子里搬出来。我们都很兴奋。我插上电源，但什么动静也没有。这是我第一次威风扫地。

　　"爸爸，怎么回事？电视机怎么了？"

　　我说："我不知道，电视机有点问题。"

　　"你是说你不知道怎么开电视？"

　　"儿子，我的确知道怎么开电视，但这家伙现在出问题了。去检查一下电闸。"

　　我儿子检查了一下电闸，说："好着呢。"

　　我又检查了一遍。是啊，没问题。

　　我又弄了弄插头，动一动它，又动一动电视。还是不行。又一次让我很没面子。

　　最后，我，矮了半截，只得败下阵来：我们得把电视机退回去。

多麻烦啊！把电视机放回箱子里，装上车，再开到那家店。走到服务台。我真不明白为什么电器商店这样做，但他们经常是把最不友好的、最不情愿的人安排在客户服务台。这家也不例外。

我对眼前这个很不友好的人说："下午好，我刚买了台电视机，但是不能看。"

这个人很不情愿地放下手中的文案工作，转过身来看着我，慢悠悠地说："噢……你插上电源了吗？"

"插上电源了吗？"我装出一脸无辜的样子，问道："这是什么意思？"这位客服人员说："你知道……插座在墙上，你插上电源了吗？"听到这，我承认我是故意挑衅："没有……我上周刚从野树林里回来，鬼知道什么叫'插电源？'我以为这东西会显灵呢！"（停顿……这客服人员正考虑下一步该怎么办——可能是叫保安。）"我当然插上电源了，你问的什么话！？"

最后，他检查了电视机。没反应。看到这情况，他突然尽说好话，不过尽是些这个牌子的电视机一直以来多么好，质量多么可靠，等等。只字不提给我带来的麻烦。我真的开始以为是我弄错了（孩子们和我真的插电源了吗？）。最后，他给我换了台电视机。在放到车上之前，我说，"现在你插上电源，试试看行不行。"这次可以了；我把它带回了家。

他们是把产品恢复如初了。但整个过程令我感到开心吗？满意吗？当然不满意。

这个例子说明如果你不按照本章所述的原则和步骤来做，服务的补救工作就做不好。想想是哪些地方出了差错：

首先，是合适的人员提供服务吗？在客服岗位上工作的人应该有强烈的同理心和解决问题的能力。莱昂纳多遇到的员工这两项素质都不具备。

是按步骤去做的吗？基本问题——"你插上电源了吗？"在这个例子中——问得太早了。问之前连句道歉的话都没有，更不用说接受道歉了。

客服人员试图去了解莱昂纳多的需求了吗？这位客服代表既不理解又没能解决莱昂纳多所遭受的最重要损失——父母在孩子们心目中的光辉形象被破坏——或由此带来的其他损失：时间、麻烦、懊恼、为了搬运电视机反复拆装车上的垫衬物。换句话说，这位客服代表根本没搞清楚客户真正需要的是什么，怎么才能重新让客户满意。他想当然地认为把有瑕疵的商品换了就足以补偿客户了。

不是这么回事。

如果可以的话，这家商店能采取什么补救办法来重塑矮了半截的莱昂纳多先生在孩子们心目中的高大形象呢？其实，他们本来可以用很简单的方法，不用花多少钱就能让他满意。

比如，假设这位客服代表用真正关心、甚至是一种和客户同声同气的语气说："先生，实在抱歉。这些产品都是海外生产的，在送到我们店之前应该是经过现场检验的。幸亏到您这儿发现了问题，所以下次您再来我们店里买东西，请直接找我，我当场和您在店里检查一遍，您再搬回家。不过，今天您看我们这里有没有您喜欢的光碟？"

莱昂纳多可能会说，"噢，其实这台电视机是给我的孩子们买的，他们特别想看 Swirly Goo 和 Goners 最新演唱会的现场录像。"

这位代表就回答说，"先生，我能陪您到那边去看看能否帮您找到孩子们想要的 Swirly 录像碟，以此表达我们对您的光顾和耐心等待的衷心感谢吗？我们真的很抱歉，给您和孩子带来了不便。希望您原谅我们，给我们一个下次好好为您服务的机会。"

莱昂纳多会收下光碟，觉得得到了一些补偿。

请想一想：光碟的批发成本才多少钱？7 美元？拿 7 美元投资到一个刚刚在你这儿花了超过一千美元的顾客身上，这家店能得到什么？这可是赢得一个终生客户的关键一步。而且，再想想莱昂纳多和他的家人在别人问起他们的新电视机时会说什么，这会给这家店带来多少好处。

至于莱昂纳多，他会回到家，扬着头，骄傲地对孩子们说，

"嘿，现在的这些电视机都是在国外生产的，有些因为在运输途中的货船上一路颠簸了好些天而坏了。但现在我已经都搞定了。"

▷ 应该由谁来处理客户投诉？

每个人都应该处理客户的投诉。当然，并不是说每个人都要平等地参与客户服务工作，也不是每个员工都要接受最专业的培训。我们相信所有员工在一定程度上参与处理客户投诉很重要——根据其可塑性和接触客户的程度而定。

但是某位一线员工解决不了的问题应该由谁来处理呢？换句话说，客户要求"和经理说话"时应该由谁担任"经理"这一角色呢？这里有几点原则供参考：

- 放权给你的员工，让他们能在任何可能的情况下自主解决问题，而不必反映到"经理"层。

- 在无法避免的情况下，就让指定的"经理"站出来，他要具备两方面的素质：既要精明能干、热衷于解决问题，又善解人意、擅长与人沟通。如果你在雇用员工时考察这些素质，并且给予适当的培训，你所有的雇员都会在这些方面有一定的优势。但通常只有 10% 的人同时具备这两种素质。你应该指定这 10% 的人作为你的服务"经理"——如果你真的要设置这个职位的话。

在此，我们建议你不要像过去那样设立独立的投诉部门。而是告诉你的员工，销售部门的琼和运输部门的杰夫都可以自己采取补救措施。杰夫可能不是解决问题的合适人选，但是如果他遇到一个不满意的客户，他必须要知道除了说些"我帮不了你，我只负责送箱子"之类的话之外还能如何说。

甚至戴尔，他打扫卫生间，也要给他一定的权力解决问题，而不是无助地说一句"嗯，你要去问经理。"客户最讨厌听到"你要去问经理。"

如果戴尔也接受过培训，能够充满自信和热情地说："当然可以，我很抱歉，我会帮您解决的。"然后他去找了合适的人来解决问题——即便那个人刚好就是经理也罢。这样一来，戴尔自己的感受、对你公司的感受会更好，客户自己的感受、对你公司的感受也会更好，问题也就不会那么棘手了。

（航空公司的例子就很让人费解：为什么不能向飞行员——假设你不是在飞行途中——投诉客服问题呢？或是向地勤服务人员投诉？他们的回答应该是，"非常抱歉，发生了这样的事。"然后帮你找到合适的人去解决问题。如果你穿着制服，你就代表公司。）

如果你要让全公司的人都参与客户服务，我们建议你让他们充分参与：给他们较大的自主权，让他们灵活地、创造性地努力解决服务上的差错。

也许，大胆放权给员工，最出名的莫过于丽思卡尔顿几十年来赋予员工的货币自由裁量权了：每员工／客户2000美元的额度，以员工认为合适的方式解决客户投诉问题。这么新颖的做法、这么大的自主权是如何成功的呢？其中的道理在于：如果你步步设防、做事死板、紧抓着不放，人们会以提高他们的要求来回应。这是一个典型的恶性循环。如果你一开始就以一种更容易接受的、灵活的、大方的姿态对待他们，人们自然会以更理性的态度回报你，这就变成了良性循环。事实上，早在20世纪80年代就率先推出这一政策的霍斯特·舒尔茨（当时，2000美元可以在梦幻般的丽思酒店住十多天呢，现在的行情就很难估计了），以及继续将其传承下去并推广到丽思卡尔顿、嘉佩乐和索利斯酒店的莱昂纳多，证实员工从来没有用到过这一自由裁量权的最高限额。然而，知道有这笔钱做后盾大大增强了员工的自信心和责任感。你可以想想把它作为一种长期培训策略的价值所在：它时刻提醒员工，公司管理层对于赢得客户潜在的终生价值的信念——而且它有力地证明了管理层愿意拿出这笔钱来支持这一信念。

所以，为了让客户满意，你的员工要有一定的自主权和对失败的服务马上进行补救——不必等经理点头。在这个社交媒体软件盛行的时代，这种自主权已经变得更为重要：只有拥有较大的自主权，及时作出反应，你的一线员工才有机会在问题被贴在网上之前将客户的投诉化于无形。

▷ 细节决定成败

最美妙的补救措施可以是很小的、很细微的，客户根本没有注意到问题的存在，只感受到由此带来的融洽关系。

与任何人一样，我们都喜欢最受欢迎、极具轰动效应的客服案例，比如著名的诺德斯特龙百货公司（Nordstrom）的故事：有个客户退回来一个有问题的轮胎，诺德斯特龙公司接受了——尽管不是它卖出的。这些案例是培训的好教材，也是扩大公司声誉的好实例。但是，我们也很敬佩那些专业的服务人员，他们能够看出服务体系中存在的细微疏漏，以及在与失望的客户的交流中觉察出客户小小的不满——及时予以补偿，把客户重新引向正途。

2011 年秋天，在一次宾夕法尼亚州乡村的工艺品展览会上，迈卡发现一位女推销员在向过往人群征订《纽约时报》。她还带了些《纽约时报》的精美小礼品作为礼物，当人们经过时她大声吆喝：

销售代表："订《纽约时报》，送报上门，一周只需 X 元，还有精美礼品赠送！"

迈卡："对不起，我已经订了。"

销售代表："您现在一周七天都能收到我们送来的报纸吗？如果不行我可以为您升级。"

迈卡（暗笑她的执著）："除非你们出了新晚报版，否则我认为没有办法让我们得到比现在更多的报纸了。"

销售代表："但这些礼品很不错，是吧？不管怎么说，我要送您点东西，因为您是我们重要的客户。您喜欢什么？"

我们来看看这个例子。首先，是总体的观察。注意，迈卡只是路过一个熙熙攘攘的工艺品展览会。他没有问女推销员任何事，也没有要订她的报纸，而且只字未提想要礼品。但是，她能够感觉出其中的不平衡，没有任何东西给"全价"订报纸的顾客。

于是她决定破例给这个甚至不是她这次推销活动的对象的人一些特殊的待遇。

现在，让我们检查一下这个例子中的各个环节。

这里存在服务上的疏漏吗？是的，有一个很小的疏忽。像许多公司一样，《纽约时报》也在大搞促销活动，力图吸引新的客户。太好了。但研究表明现有客户才是最关注你作为一个品牌所做的每一件事的人。《纽约时报》没有准备好如何对待可能会与他们的推销人员接触的现有客户。这会让那些正好路过销售摊位的忠诚客户感到很尴尬："我是你们的忠诚客户，但你们没把我考虑在内去，我们之间也就没什么好谈的了。"

也许这种服务上的欠缺是可以预见的。但是你不可能预见到业务中的所有不足之处。每种情况、每个客户都是不同的。

　　这就是为什么你需要能够认识到这一问题、接受过适当培训的员工。《纽约时报》的销售代表很有悟性，能够体会到别人的感受，发现服务中存在的欠缺，尽管只是一个暗示也让她觉察到了。

　　在你的公司，如果一个员工经历了上述情形后回到办公室，她会因她的所作所为受到表扬吗？她意识到一个问题，并且主动维护了一个现有客户。这个人难道比新客户更重要吗？或者她会因为少了一件礼品而被打手板吗？她会不会因为在本章中被当作范例就沾沾自喜呢？或者，你担心如果员工个个都这么随机应变，你负担得起吗？

　　更概括地说：你是否雇用了合适的人选，给他们所需的自主权，对于他们帮你填补服务空白，在客户要跌倒时及时拉一把的行为予以表扬了呢？我们希望读完本书，你会对以上所有的问题回答"是"。

▷ 你勾销客户，市场勾销你

　　总是要竭尽所能去安抚客户给人的感觉也不好。人们不会只记着好的方面，知道你所下的功夫终究会得到回报。所以，这里有一个最重要的哲理，可以帮助你度过那些徒劳无功的日子：每个客户都是无可替代的。不管你的市场份额有多大，一旦你开始从名册上勾掉你的客户，我们可以预见将来的某一天你也会无生意可做。（如果你乐意的话，我们可以画一张大图来说明。）拥有一个很大的市场，就可以随意放弃或一路更换客户了吗？我们都看到了底特律的汽车制造商们就是这样认为的，让进口汽车一点一点从边缘开始把它们挤出市场，直到核心市场也所剩无几。

我们强烈建议你把每个客户都当成核心客户——并把失去一个客户当成是一次悲剧，尽量避免。

及时掌握客户信息

追踪客户的身份、目标和喜好

即使你雇了一个排的统计员来研究你的客户资料，他们也找不出一种能让所有客户满意的"优质服务"风格。这是真正的客户服务专家——成功的酒吧老板、书商、小店主和餐馆经理——普遍认同的一个原则。

所以，要想把生意做大，远远超过夫妻店的规模，或者让夫妻店在生意清淡的小城市也能长久兴旺，你需要保证所有的员工都能提供个性化的服务——不管他们来你公司的时间多短，记性多不好。

解决的办法是建立一个信息追踪系统，及时获取每一位客户的信息：喜欢什么，不喜欢什么，每个客户个人最看重的东西，以及与你做生意时最希望得到什么。每次跟客户接洽后，你的员工就会利用这个系统将客户个人所特有的价值观念和喜好记录下来，然后与公司的其他员工分享，只要能派得上用场的地方，都可以拿来分享。

把一些精力放在系统地记录和共享客户信息上，会让你的公司与街角那家不错的干洗店（老板一生病就会失去大部分顾客）有天壤之别。你也不会重蹈洛杉矶那家餐厅的覆辙，那家餐厅很受欢迎、生意很火，但是在其他地方开分店都不怎么成功。

▷ 信息记录和共享的原则

以下是建立成功的客户信息记录系统并在公司内部实现信息共享的几个关键原则。

原则 1：系统要简单。不要记录太多东西，但对于确实要记录的信息，你的一线员工要非常熟悉。奉行简单原则，你才能持久地追踪了解客户的喜好。如果为了一些假设的目的而去过多地收集每个客户一大堆资料，反而掩盖了你要一下了就能找出来的客户喜好，而且也会分散员工的精力，让他们失去最初的目标：即把客户看成独立的个体，让他们觉得自己很重要。这种"系统要简单"的方法几乎总是最好的，即使客户的情况非常复杂也同样适用。

建立丽思特色的客户服务

几年前，丽思卡尔顿酒店在开始建立客户服务系统时，会给每个员工发一个笔记本，用于记录客人的喜好以及他们观察到的或引起他们注意的客人关注的事情。例如，某个最近刚刚酒醉清醒的客人希望在他入住前把房间内的迷你酒吧清空。有个严重过敏的女士要在她的房间放十盒纸巾她才觉得舒服。如果打扫房间时发现某个一人住的客人把床的左侧或右侧调低了，就要记下晚上铺床时也要把这一侧调低。这些都是丽思卡尔顿的员工希望在以后每次客人来访时，无须开口就能主动满足的要求，以此表示对客人的尊重——不管他们下次入住的是全世界哪一家丽思酒店，都能享受到这样的服务。

起初在推出这一创新体系时，丽思团队给自己定的目标是只记下五个喜好——至少满足其中的三个。结果客人的体验产生了彻底的影响，《商业周刊》也详细地报道了这一现象。例如，加里·海尔与其共同作者在他们合著的《量身定做》（*One Size Fits One*）一书中收录的一篇旅行者采访中：

> 我们上次入住时要的低过敏性枕头就摆放在床头，全都抖得蓬松——这次我们都忘记了叫他们这么做。还多了好几条毛巾（记得上次入住时曾叫客房服务员多给我们拿几条毛巾）。茶碟中的小饼干都是巧克力夹心的，我们最喜欢的那种——我们上次收到但没吃的麦片饼干不知放哪儿去了。我们办理入住登记时，服务员问我们是否需要交响音乐会的门票，因为我们上次问过。
>
> 我们开始意识到，丽思卡尔顿已从我们上次来访中捕捉到了关于我们的点点滴滴，并且输入了数据库。在我们到达之前，酒店的员工，从客房服务人员到清扫房间的服务员，

已经把房间重新布置，按照他们所了解的我们的需要，增添了一些额外的元素。他们似乎很了解我们每一个人，似乎真的很在意我们是否在这里住得舒适。[1]

莱昂纳多解释说，丽思卡尔顿的这个简单的信息追踪系统来源于一个早期发现："我们总是问客户对我们的酒店有哪些期望。我们最常听到的回答是'我们希望它像家一样'。但是当我们进一步追问，在这个不是很有说服力的答案后面还有哪些没有表达出来的需求时，最终得出的答案是他们想要的不是自己那个家，而是梦中追寻的儿时的那个家——每件事都给你安排得妥妥当当。"

作为一个典型的成年人，在家里，你的空间你做主，但是要自己动手。儿时的家，那完全是另外一种体验。到了开饭时间，食物会出现在你眼前。你不用操心去买个人用品。灯泡坏了，会有人给你换新的。你离家时，你的父母真心地为你的离开而伤心难过，他们盼望和你再次相见。最重要的是，你在这些方面的所有个人喜好，都有人了如指掌，"不可思议"地为你做好安排。

丽思卡尔顿的管理团队一旦认识到这才是客户真正想要的东西，他们就能找到更好的、更符合客户需求的服务模式。实际上，在莱昂纳多最新推出的酒店品牌中，已经把这一理念扩展到了预先采访客人，征求他们的意见，在客人到达之前减少许多不确定性因素——比如，交通和其他后勤服务问题——让客人从抵达城市的那一刻起就感受到你对他们的呵护，就像妈妈知道你已在回乡的路上一样。

　　原则 2：对客户很重要的信息，你就把它记录进来。 在迈卡所从事的独立音乐和电影制作行业，他强调让员工用软件分门别类地搜集信息，比如客户演奏哪种类型的音乐、使用哪种乐器，以及客户感兴趣的或引以为豪的任何东西。后面提到的这一大类包括客户参与制作的大片、他获得的珍贵业内奖项等。或者，更重要的是利用这些空间来记录诸如他妻子生病了、他讨厌清晨被电话打扰之类的信息。我们把这些资料称之为身份、目标和喜好。

　　即使再小的公司，也应该持续追踪客户的身份、目标和喜好等信息。迈卡刚开始创办他的企业时，他的"帝国"只有他一个人，接听电话、处理客户订单——都在公司起步时漏水的地下室里。他本人一定很了解他那几个（少得可怜！）早期客户的身份、目标和喜好。但是，当他听到他的第一个雇员很费力地跟一个大牌客户交谈（"再问一下，您的鼓手是谁？"）时，他受到了启发，最早提出并且开发出一套自动追踪客户身份、目标和喜好的记录系统。如果没有这些系统，他的员工就不可能在公司生意越做越大时还能提供"妈妈的家"式的温馨服务。

初创公司经常用现成的软件来管理客户喜好。要注意：有些这类软件不能把单个项目文档转到永久保存的客户档案中。把客户喜好作为文字符号留在单个项目文档中，比在餐厅的预订簿上胡乱写几笔强不了多少。（这种"经典"的记录方法意味着除非你把所有的预订都浏览一遍，否则你还是会漏掉第 2005 条信息，恰好是现在在位子上坐着的这位男士提到他对贝类过敏的那一条）。把需要长期保存的每个客户的资料放到该客户的永久数据库里，而且要保证在今后他与你公司开展的任何一个项目中，有关其喜好的信息都能一目了然。

你的追踪记录系统要包含哪些信息呢？只要是对客户最为重要的信息，都要搜罗进来。客户的身份、目标和喜好是多种多样的，做多少市场研究也无法精准地预测。以下几点，希望你能牢记：

- **关于某个客户与你公司之间过去的项目 / 来访 / 交易过程中发生的任何差错的信息。**

- **这次来访中已经发生或似乎正要发生的任何问题的信息。**我们之前讨论过，客户在这次来访中已经体验了糟糕的服务，下次来访时，其他员工不应该像什么事都没发生过一样轻松地问候他（"您这段时间在我们这里过得开心吗？"），客户少不得又要对你的员工一番教训（"事实上，你们的服务很成问题"）。

- 客户对产品／服务有哪些方面的喜好，不论是客户主动声明的，还是你观察到的，无须客户开口你就应该予以满足的那些需求。

- **客户以前在意见卡或电子调查问卷中填写的任何内容。**这些表格所包含的不仅仅是统计数据，而且还包含了一个真正的、活生生的客户的真实感受。你除了要亲自及时回复这些反馈意见外（见第 6 章），还要把这些信息收录到该客户的信息档案中，以便将来与他打交道时牢记在心。

- **客户与你公司的任何私人关系，例如共同见证的一段历史，客户有朋友在你公司工作等。**有些客户对你的公司有种特殊的、私人的感情，要多加鼓励。比如，如果某个客户告诉你 30 年前她第一次和父亲来你的药店，那时她还是个孩子，你应该感到激动，然后把它记下来。又如，你团队中的某个员工很有魅力，有些客户对其有种特别的亲近感。把这些感受记下来，并提示那位员工一定要联系这个客户。员工与客户的私人关系比打折优惠更能增强客户的忠诚度。

- **与客户开展项目／购买商品或服务／来访的次数。**你的信息记录系统一定要灵敏，能够发现对你特别有价值的客户。

- **特别难打交道的客户。**对于刁钻的客户，除了巧妙地做一些标记外，一定不要留下负面记录。任何这一类的提示都必须经过老板的审阅才能与他人分享，即使是在公司内部的、受密码保护的计算机系统上也不例外。之所以如此谨慎，有几方面的原因：许多"难对付"的刁钻客户其实是在某种情况下被人误解了；下次再碰到他们，可能也很好打交道。服务机构的确经常用一些记号来提醒员工这些人比较麻烦，但是，对这类负面标记一定要做好保密工作，这点非常重要，只有得到高层管理人员的批准才能继续保留。（从更广泛的角度讲，在你重新构思用什么样的语言和文字去形容客户时，也带有一定的感情色彩。其实，在你的文字和言谈中少用评判性的语言，可以让你变得心平气和。例如，你可以试试：用"要求高"代替"难对付"、用"颇有鉴赏力"代替"难以取悦"、甚至用"很看重时间"代替"没有耐心"。）

- **有关个人的情况：配偶、宠物、孩子等。**如果你要把这些内容都包含在客户档案中，每一项的具体日期一定要准确无误（比如：五年前记录的宠物，现在可能已经不在了，最好不要去问。你已经好几年没听到她提起丈夫了，可能和前者一样。）要用一个能够自动给各项内容打上时间标记的软件。

保密培训和系统安全对任何一个专业服务机构都非常重要。为了内心多一份安宁，你可以假定你的档案不像你想的那么保密。我们曾咨询过一家公司，它至今还没有从 IT 项目的阴影中走出来。当初设计这个项目是为了让客户能够直接进入自己的账户，通过增加客户的自助服务来节约人工成本。但不幸的是，在这个新系统里，客户可能会无意中在网上看到自己的个人追踪档案——最让人懊悔的一次是其中有些令人难堪的话，而且说得很直白！这种自找的泄密事件并不少见。遇上苛刻的客户，尤其不会原谅你。所以要想出一个有用的保密规则，保证大家都要保密，并且严格遵守这一规则。

原则 3：收集的信息要能够随时获取。几年前，莱昂纳多的团队决定以一种适当的、客户能够接受的方式把客户的信息分发到酒店各处。当然，最基本的客户信息是客户的姓名，客户一到就要认真记下，然后使用——有礼貌地、准确地称呼其名——在整个酒店都是这样，这一招儿让客户觉得很神奇。（谨慎的无线电沟通，加上服务周到的员工，才能变出这样的"戏法"。）看看有没有办法把这神奇的一招儿创造性地用于你的公司。

例如，你经营的是一家医疗机构而不是酒店。根据个人经验，我们大多数人都知道，当护士走到候诊室门口，像拍卖商一样冲房间里的人大喊"朱莉娅·琼斯！？"会让人觉得很不安。这样和客户讲话，一开始就错了！想想从一个满意的、忠诚的客户嘴里说出来的正面的话，会给你带来多少看不见的好处——疏远一个这样的客户又会给你带来多少隐形的成本——所以很值得找一种更好的沟通方式。（在医疗领域，这种隐形的成本可以达到天文数字，因为患者不满意，你就有吃官司的风险。）

如果你想一开口就把患者奉为上宾，你应该怎么做呢？你可以先培训接待员把每一位患者的衣着打扮或其他在不侵犯个人隐私的情况下就能识别的特征记下来。（朱莉娅·琼斯，45 岁，红色上衣，蓝色长裤，金黄色头发。）这些便条会随同患者的医疗本一并交到领患者去就诊的护士手上。有了这些便条，护士就能一眼认出哪个是朱莉娅，在准备带她去做治疗时礼貌、热情地招呼她。

原则 4：喜好会变化；假设会蒙人。追踪客户的喜好有时也会失控。我们最喜欢的一个厨师，小华盛顿旅店（The Inn at Little Washington）的帕特里克·奥康奈尔给我们讲了下面这个故事：

> 最近我在一家纽约酒店入住，这家酒店以提供个性化服务而自豪。第一天早晨，我在酒店的餐厅吃早餐，我点了茶。第二天，我刚一坐下，服务生就端上茶来。很不幸，我那天想喝咖啡。[2]

你不应该因为有这样的失误就不再使用客户信息记录系统。要是那家餐厅的服务员能真诚地对帕特里克说，"早上好，奥康奈尔先生。今天早上您还是喝茶吗？还是要加点砂糖吗？"那就很完美了。（注：为了便于描述，我们假设奥康奈尔先生喜欢这种口味。）

原则 5：情绪会变化：追踪客户的情绪。我们希望你能随时追踪人类特有的另外一个特征：在与你接触的过程中，客户心情的变化。小华盛顿旅店的帕特里克·奥康奈尔设计了一个客户满意度追踪记录，这是我所见过的很简便、有效的一种方法。在他的弗吉尼亚州乡村旅店，每个服务员从用餐开始就很小心地记录客人的满意度，从 1 到 10 打分。（其实，他们做得非常小心，以至于我们从未看到他们在给我们打分或下结论——不管我们曾多少次到帕特里克的餐厅去"研究"美食。）这样做的目的是要在客人踏上回家路之前让他们的满意度达到至少 9 分。当然，你在自己的公司怎样做这种记录取决于你提供产品或服务的时间有多长，你的员工是否还要将注意力放在其他复杂的事情上。

原则 6：不要让呆板的服务坏事。你收集到的信息要用得自然，让客户觉得这是自然而然的事情。这里举一例，戴尔·卡耐基认为，一个人的名字是世间"最甜美的声音"，他的这句名言被无数次引用。他说得对——如果名字读错了，那么"最甜美的声音"就变酸了。（在这点上，你要相信莱昂纳多·因基莱里和迈卡·所罗门。）同样的道理，在与客户接触时，不要假惺惺地、只是为了填补空白，才把客户的名字或其他个人信息加进去，别让这些小问题坏了你的大事。

你是否有过这样的经历？给服务台打电话，有人回答，"早上好，感谢您致电 XYZ 公司，可以帮您做些什么吗？"等你说出自己的姓名，对方就会不带情绪、毫无感情地在屏幕上出现的脚本中从头至尾插入你的名字。你觉得好像就算你在喊家里房子着火了，听到的也还是从这种机械的、声称是个性化服务的电话中传出的同样冷漠的声音。如果你打算用这种像机器人一样的、预先设定好的程序来使用客户信息，那收集信息也就没有意义了。

原则7：利用技术手段获取信息？聪明与惹人讨厌只有一线之隔。要注意安全距离。每个人周围或多或少有一个我们称之为"安全距离"的范围。要教你的员工意识到这一点，保持距离，小心靠近，别人示意就后退，这是服务周到的一个要领，我们将在第7章详细讨论。但网络互动中，因为没有直接的口头或非口头反馈，你就失去了与人打交道的安全防线。而且客户也很清楚，电子数据库能收集到人类无法收集的一切资料。

当你要人们帮你完善网络数据库时，他们往往会很怀疑。这不像你面对面地要求他们提供信息：比如你亲自问某个人出生在哪里，他很可能会公开地告诉你。最多不过问一句"你为什么要知道？"对此，你无非是收回提问或给他一个解释。但是如果你要求一个潜在的客户在你公司的网站上透露个人信息，那你永远不知道你的这一要求会不会把他们赶跑。你也不会意识到他们认为电子版的你很粗鲁，或者他们不信任你的网站。最不可思议的是，根本就没人注册。

最简单的办法是从你的网络调查表中删掉所有可能侵犯个人隐私的问题。把那些问题变成可选项，并且充分解释问这些问题的理由。即使是一些以客户为中心的公司有时也会违反这一规则；因此，他们可能会失去一部分市场或发觉客户的素质有所下降，再也不可能找回原有的客户。

有一个以家庭为服务对象的连锁经营商场，经营实体店，却要依靠技术手段"帮忙"，渴望实现服务自动化，在不知不觉中就越过了界线，他们甚至都还没有意识到这一点。总体来讲，这家公司还是很不错的：它提供的商品既有适合父母的，也有适合儿童的，服务温馨、热情周到，很有客户缘。但是，问题就出在最后一刻——在收银台附近设了一个自助服务项目。最近我们刚去过这家店，看到在收款处张贴着广告，上面模仿小孩的字体赫然写着：

在我们的儿童旋转木马系统

输入你的

- 姓名

- 地址

- 电子邮箱

- 性别

以及

- 出生日期

注册即送好礼

每个屏幕上都闪烁着欢快的动漫，哄孩子们去拿各种各样的礼品，还有用彩色的星星和按钮组成的字母键，引诱孩子去填写：

你的生日是，（之前屏幕上孩子的名字）？

• 月？

• 日？

• 年？

输入每一项后按粉红色键！

（注：安全专家把出生日期、姓名和地址称作"三位一体"，再加上常被盗用的社会安全号码，是用来识别盗窃和其他侵犯个人隐私案件最常用的信息。所有三项就是按上面的顺序来提问的——现在却在问这些小学还没毕业的小顾客。）

那一张张家庭生日聚会照片摆明了是要你输入完整的出生日期。在显示屏上方的一张卡片上有一则小小的"建议有成人监督"的免责声明，似乎是被人匆匆忙忙贴上去的，但是从人们的视线最有可能看到的地方看却很模糊。不管怎么说，免责声明赢不回客户对你的忠诚。如果客户发现你鬼鬼祟祟，他们会掉头就走。

▷ 惊不惊喜？意不意外？

之所以这么说，是因为你可以获得信息并不意味着你应该获得信息，你获得了信息并不意味着你会充分利用信息。人们并非总是喜欢你带来惊喜——即使这样做可以让他对你的服务体系留下深刻的印象。"许可营销"专家赛斯·高汀给我们举了下面的例子：

> 如果你的信用卡公司给你打电话说，"我们看了一下您的记录，发现您曾经有过婚外情。我们想给您提供一张免费的性病检测优惠券……"听到这些，你一下子火冒三丈，原因可想而知。如果当地有关部门利用装在街角的监控摄像装置向你推销一种新出的通勤车代币，你也会有点恼火。[3]

当然，这些都是赛斯的假设，但现实生活中又是怎样的呢？这是我们的一位朋友在高级酒店亲身经历的事。她给前台打电话投诉服务问题，前台服务人员帮她解决了，但是自己又犯了个错误：他看了下她房间里迷你酒吧的电子监控器上显示的记录，然后对她说，"我看您喜欢喝伏特加，今天晚上用餐要不要来点我们新出的一款伏特加，以表示我们的歉意？"这位职员自以为聪明，结果却成了客人卧房内的间谍——这可不是件让客户心里觉得舒服的事。

　　谨记你收集信息是为你的客户服务的。任何其他的用途最好放在其次。因为我们说的是电子系统，要时刻记着这种既看不到人影又听不到人声的服务是有局限性的。一般情况下，不要要求客户提供信息，除非是非要不可的。当你向客户要信息时，要礼貌地问，使用这些信息绝不可以突破个人的安全距离。

如何在互联网上追踪客户喜好

　　互联网会诱使我们收集过多的信息。通过网上自动弹出的界面，向客户提问题是非常容易的事，而且"成堆"收集信息的诱惑力也很大。这里有几条原则可以帮你尽量减少这种诱惑：

❶ 如果必须收集任何敏感的信息，要解释清楚为什么有必要——明确而全面。

❷ 不要要求填出生日期，除非你必须检查是不是未成年人。许多人一看到要求填写出生日期，就会退出网页，或者编造一个假日期。想要赢得忠诚的客户，可别逼着客户撒谎。

❸ 仔细考虑你要问的每个问题，尽可能自己先辩驳一番。比如，为了辩驳而辩驳，问问自己为什么要客户告诉你他们的电话号码？同样地，为什么要求提供电子邮箱地址？（也许是有原因的，但也要仔细想想。你要考虑潜在的成

本，别只想着可能会带来的利益。）

❹ 如果你给客户的选择是尽量提供私人信息，那你的期望必须要合理并让对方同意。这样，你就用不着去筛选那些虚假的"必需"资料了（999-555-0505 和 lateralligator@getoutofmyface.com.usa.xxxy）。

❺ 尽可能把在线对话和800/888热线电话作为补充。这样，当人们只想了解某条具体的信息时，不会被冗长的表格所吓倒（并且离去）。但是不能因为有了这些服务，就不着急回复客户的邮件了。要注意到，有些客户与你网上联系是因为不想用电话沟通，不管你那些"随时待命的接线员"多么友好，多么训练有素。有些人甚至是不方便用电话：对于残疾人士，包括有听力障碍的人，互联网已经成了一个重要的工具，还有一些是在上班时间偷偷网购，这种现象也是不可避免的。

▷ 不要畏惧收集信息

别畏惧收集信息——谨慎行之，并且尊重客户。没有什么比公司的成长更重要。确实，有效追踪对客户来说重要的信息——具体的客户，而不是整个客户群——是我接触过的所有业绩非凡的企业都具有的一个特征。它可以让新来的员工把老员工建立起来的客户关系延续下去；随着公司的发展壮大，有的员工已离任，有的已升任新职，但他们建立的关系还在。它可以建立高价值、长久的客户忠诚度。

这种方法对我们很有用。

我们也推荐给你。

将超预期融入产品和服务

让流程为你服务

星巴克的首席执行官霍华德·舒尔茨读过《第22条军规》吗？很有可能。但如果说舒尔茨先生试过在自己的店里注册上网，似乎就不大可能了。

迈卡解释道：

我在外地出差时有些工作要完成，于是我走进星巴克，想尝试一下他们新推出的免费无线上网服务。

第一步：为了免费注册上网，我必须有一张星巴克的上网卡才行。好吧，我想是这样。于是我买了一张卡，通过我的手提电脑输入了所有的个人信息。但随后我收到了一条来自美国电话电报公司／星巴克的网上信息，告诉我登录验证码已发到我的邮箱，让我去查看。凭验证码才能完成登录过程，使用新的账号上网。

我当然查不了邮件。正因为如此，我当初才要买张上网卡，完成注册过程。所以，这条信息实际上是要我开车回家，查看邮件，点击链接得到登录验证码，然后再开回星巴克去上网。

我们在很多方面都很佩服霍华德·舒尔茨先生。（举一个例子：他把为员工，甚至是兼职人员提供医疗保障作为自己的使命。）但是在这件事上，他的公司却忽略了下面这条简单的原则：一个企业应该想客户所想。它需要有一套工作流程，一旦发现有任何环节会给客户带来不便或令客户不满，就要毫不留情地把它去掉。它必须系统地把各个步骤连成一个整体，把产品的特性也包含进去，让客户有更好的体验。

让我们来看看应该怎么去做。

▷ 让公司想客户所想

作为一个公司，你如何知道客户可能会喜欢什么——甚至在他们还未光临之前？你可以向全公司明确表示你的目的就是要搞清楚客户需要什么。然后，你就可以与员工一起针对某个客户群，全面地考虑他们的需求。

比如：想象一个人在餐厅独自用餐时的处境。周围是一对对、一群群，或一家人在聊天，他孤零零一个人在吃饭，觉得有些尴尬，而且有些孤独。时间也过得很慢。菜似乎也上得很慢。怎样才能让身在其中的客人感觉不那么压抑呢？

你可能会留意到那些独自用餐的人经常会随身带一些可以阅读的东西，或者如饥似渴地抓住什么看什么。比尔·布莱森回忆说他曾经"读餐厅的餐垫，看完正面还要翻过来看看背面有没有字"。[1]

因此，服务周到的餐厅可能会给那些独自用餐的客人准备一些报纸、杂志之类的东西。这种简单、周到的服务，每个员工都能做到。

下面再举几例，说明如何通过简单、细心的程序预先满足客户的愿望：

- 在亚特兰大开了家小店，正值仲夏，光顾小店的客人是为了躲避35℃的高温。这类客人会想要些什么呢？如果他们一进门就发现柜台上有加了柠檬片的冰水，不是很高兴吗？你可以根据每天的天气情况，轻而易举地加上这一程序。

- 你看到过这样的告示牌吗？"该卫生间如需清洁，请告诉我们"，或是更糟糕的，在飞机上见到的那种"恕不能在每位乘客用过之后都进行清洁"，言下之意是要你用毛巾抹干洗漱池，以方便下一位乘客使用。让卫生间保持清洁的最佳程序可能并不是放一块类似的告示牌，把保持清洁的责任推到客户身上。这儿有一个独特的解决办法（仅限于极少数地方）：查理·特洛特的芝加哥著名餐厅的员工认为要保证卫生间达到餐厅的清洁标准，使下一位客人不必忍受上一个人用过之后的不洁，唯一的办法是在客人每次用过卫生间之后，自己亲自去小心地检查一下毛巾和肥皂。[2]（我们不是非要建议你采用这种极端的做法，只是把它作为一个思考练习；如果你的小酒店常常是客人爆满，你是不可能这样做的。但是，另一种积极的方法——客人较多的晚上安排专人守候——倒是值得考虑。）

- 假设你是塔可钟（Taco Bell）餐饮连锁店的一位高管，你会怎么做呢？虽然你们公司的营业门店主要在南加州，但如果你站在客户的角度考虑问题，你就会在大部分分店的免下车外卖窗口装上防水雨篷。萨克拉门托的客户可能不在乎你装不装防雨篷，但是在西雅图，你难道不觉得客户更希望他把手伸出窗外取外卖时，胳膊不会被淋湿，不用去碰湿乎乎的窗口电子装置吗？

要建立一种机制，让你的员工经常体验一下你的实体店和网店的服务，这一点很重要。因为任何方式都比不上你通过这种途径获得的反馈。（顺便说一句，如果你目前只是个"光杆司令"，你也要尽最大的努力客观地尝试一下自己的产品，不过要达到我们下面所说的匿名性还是有一段距离。）

我们都试过在有些店里，似乎没有一个员工品尝过自家店里的食物，没有一个人曾到客户专用的卫生间去试着伸手够一下放得很别扭的抽纸机，也没有一个人留意过你要买的东西是怎么从网上购物车中消失的。为了避免你的公司也像它们一样，就要形成一种制度，在公司内部对你的产品或服务进行系统的使用和测试。自己的员工买店里的东西，你要给予更多折扣或补偿，但是有附加条件：如果员工要享受公司的服务，他们必须详细地记录——如果可行的话——保持匿名，这样他们才能体验到与其他客户同样的服务。

要在服务程序上有先见之明，需要每天不断地努力。它需要管理人员有远见、敏锐的判断力和执著的追求，但是它会让你离建立客户忠诚度的目标越来越近。

▷ Mr.BIV 和消除缺陷的艺术

有时问题已初露端倪，而且也已经被员工注意到了，但还是拖延着没有解决。我们向你介绍一位 Mr. BIV 好吗？只要是他在管理，一切都不会改变。

所谓 Mr. BIV，是一个首字母缩略词，是曾经与莱昂纳多在丽思卡尔顿酒店一起工作的同事创造出来的一个好玩的词。解决 Mr. BIV 的问题，帮他们拿了两项马尔科姆·鲍德里奇国家质量奖。它仍然是我见过的最有效的——而且容易实施的——一套质量管理体系。

Mr. BIV 是一套高效的、简化的、很容易掌握的查缺补漏方法；它可以在整个机构采用，无须专门的额外培训。它代表：

错误（Mistakes）

返工（Rework）

故障（Breakdowns）

低效（Inefficiencies）

工作流程中的变动（Variation in work processes）

任何一名员工，不管什么级别，只要发现 Mr. BIV 问题，都可以而且必须通知有关人员，以便问题得到迅速解决。当遇到 Mr. BIV 问题时，它会让你多问几个为什么，帮你找到问题的根本原因而不是表面现象。例如：

问题：客房服务迟缓

为什么？服务生扎堆儿等电梯

为什么？电梯被勤杂工独占

为什么？勤杂工在寻找／储藏／囤积亚麻布

为什么？亚麻布紧缺

为什么？库存亚麻布仅够 80% 的客户量

你可以委托每个员工当你的"改善经理"，负责帮助 Mr. BIV 体系的实施。

Mr. BIV 是持续改进体系的一个典型例证。"持续改进"

（Continuous Improvement）范式是在制造业发展起来的，所以，很不幸，服务业、白领和"创新"人员常常本能地认为这和他们所从事的工作无关。这是他们的一大损失——也是客户的一大损失。不管你是绝缘材料生产商，还是自由专栏编辑，或是婚礼摄影师，只有当你建立起一个有效监控和提高产品质量的体系，你才能一如既往地提供质量上乘的产品。这也是为什么再怎么强调在服务中应用持续改进带来的价值都不过分的原因。它可以缩短后来者在竞争上的差距，拉开卓越的领跑者与同行者之间的距离。

它是一种神奇的模式。

▷ 不要杀死 Mr. BIV 的信使

切莫因为你的持续改进体系暴露出的问题而责怪你的员工。你需要的是敢于直言、处事认真的员工：勇于指出缺点和失误。同样的失误发生两次就应该考虑是流程的问题；解决办法是修改流程。如果你因此而责备员工，他们就再也不会帮你发现重复出现的问题，你也将失去一个尽早修改有潜在缺陷的流程的机会。

向雷克萨斯学习

莱昂纳多再次讲述了丰田的故事：在霍斯特·舒尔茨和其他

来自不同领域的客户体验专家的帮助下，丰田如何把提供卓越产品和卓越服务互动作为明确的目标，创立了雷克萨斯汽车品牌。雷克萨斯最大的希望就是通过卓越服务在汽车这样一个往往要做几单生意才能有一定客户缘的行业建立起客户忠诚度。（只有当你自己在过去十年来买过一系列比较可靠的奔驰车——一般是连续买三辆，或者，你们家有拥有奔驰的"家族传统"——你爷爷开奔驰，你爸爸也开奔驰——才能预计你将来也会买奔驰。丰田可不打算等这么久才获得第一批忠诚的雷克萨斯客户。）

　　雷克萨斯最终推出的计划涵盖了我们在前面的章节提到过的一些元素，包括称呼客户的姓名以示尊重，在不冒犯客户的情况下记下每个客户的个人喜好并尊重他们的习惯。除此之外，雷克萨斯把重点放在了一个我们尚未谈及的策略上：尽量减少在不同的服务人员之间转换时出现的空当以降低失误。

　　许多情况下，当你将客户从一个职能、人员或部门转交到另一个时，就有可能出现空当。你是不是有过这样的经历，当客服代表把你的电话转接到技术部门时，你又得从头把情况说一遍？每当你把客户的来电从一个人转接到另一个人时，就好比运球过程中有可能失误一样——要么电话没接上，或是转接过程中未能传递信息或转达主要的意思。（每当保险销售人员把客户转交到生产部，由他们为客户服务时，问题就会出现。当有设计需求的客户找到创意总监，然后总监试图将客户的意思转达给实际做设计的人员时，球就有掉在地上的危险。）

我们来看一下到汽车公司修车的客户的经历：你把车开到服务部要求修理，门口的人接待了你，带你去见服务顾问。服务顾问开单写明车有什么问题，并叫来机械师。机械师把车开走。最后，该结账了，服务顾问再次出现，把账单给你，让你去找那个从没打过交道的收银员结账；收银员一脸不耐烦，可能都没怎么注意你，她冷冰冰的服务态度与这家卖给你车的公司的服务标准一点儿也不相称。她也不向你解释那些标着奇怪代码的收费代表什么，因为直到此刻，她此前甚至不知道你的存在。

假设有一位经过严格培训的服务顾问，叫她萨拉好了，从你来店的那一刻起直到你离开都在竭诚为你服务。她接待你，给你开单，跟机械师说明情况，通知你车修好了。她给你账单，你付款给她。雷克萨斯把这套程序作为它们最理想的流程，在一定程度上根据服务的规模和具体交易的实际情况加以灵活应用。

▷ 系统地减少浪费

因为一心想把服务做好，所以你会惊奇地发现我们是何等地迷恋那些建立在制造业基础上的最佳的、现成的管理和控制体系。我们把施乐、联邦快递、美利肯这些经营遍布世界的大公司作为服务典范，效仿它们的做法。久而久之，我们开始领悟到以生产为中心的管理体系的精髓，比如精益生产（Lean Manufacturing）和全面质量管理（Total Quality Management）。

对于受右脑支配的、高接触性的服务，这种管理体系听起来有点像强迫你去做功课。是的，是有点这个味道。但也是值得的。

这些管理体系有一个共同的认识：公司可以通过不断地发现和减少浪费来增加自身的价值。如果合理应用，它可以增强一个以服务为中心的公司的实力，就像它可以增强一个以生产为核心的公司的实力一样。比如，我们可以通过剔除浪费的时间和多余的动作加快服务反应时间；通过在整个组织内调节恰当规模的加工设备来提高产品的多样性；通过减少员工的待工时间提高员工的士气和盈利能力。你可能会意识到，这些例子代表了丰田生产方式的创始人大野耐一所发现的七个经典"浪费"中的三个环节（大野耐一是当代精益生产方法的领军人物）：

- 不必要的运输
- 过多的库存
- 过多的、非人体工效学的动作
- 等待
- 生产过剩 / 先于需求的生产

- 不合理的流程

- 缺陷

为什么以制造企业为标杆

为了使效率、可靠性和配送服务达到最佳效果，我们建议你以制造企业为标杆。它们的成功源于最可靠的、科学的数据，所以向它们学习可以帮你把服务之舰打造得更牢固。容错设计（例如，门不会让你不小心把自己锁在外面）、行为固化限制（例如，传动装置必须处于停止状态，钥匙才能拔出来）等概念，以及其他一些已经在制造业广泛应用的概念，如果能够恰当地应用于服务业，可以给你的客户和你的公司带来很多优势。

我们来进一步了解制造业的知识在服务业背景下的应用价值：假设你计划在凤凰城郊外开一家小吃吧。你有这种想法是受了朋友乔的启发。乔在图森开了一家非常成功的西班牙小食餐厅TapasTree。乔进入餐饮业是为了满足自己收藏艺术品的嗜好。乔在这方面是个天才，他将他的餐厅营造出一种很讨人喜欢的、轻松自在的、充满艺术气息的氛围，到他的餐厅用餐更像是参观一个艺术博物馆或开放的画廊。乔把这种想法发挥到了极致，他把餐厅布置成一个"活生生的画廊"。每一个座椅实际上就是一个独特的雕塑，让用餐者觉得仿佛置身于一个形式和风格都远离尘世、超凡脱俗的世界。而且，最美妙的是，服务员可以在几小时内把这些座椅重新组合，餐厅的布局每个月都会发生奇妙的变化。

这种独特的美学设计确实吸引了不少顾客，让乔在一个利润微薄的行业里有了良好的开端。取得了最初的成功后，乔又在他的餐厅里融入了许多饮食即艺术的理念，每一个都彰显出他作为艺术史学家和鉴赏家的品位。经过了一年的经营，餐厅备受人们赞赏，乔偿清了最初的债务，开始酝酿着在其他地方开分店。

在这种情况下，我们当然鼓励你去探索一下，能否学习乔成功的一面，用于开创你自己的企业——特别是乔似乎也很想成为你的榜样。但是别让他太超出自己的专业。我们敢打赌，乔还没有制定出一个最佳的厨房工作流程。而且在许多环节中，他肯定漏掉了一些关键点；由于这些环节的低效率，给整个供应过程带来了麻烦。

当然，他没有意识到在这些环节上存在很多不必要的浪费；他认为他的方案是最适合的、经过实战检验的唯一可行的方案。（毕竟，这是他知道的唯一的方法。）你要达到的结果是什么呢？认真研究丰田、思科或联邦快递的流程设计，有很多地方值得你学习。要想简化、规范你幕后的运作，他们才是你该找的人——你可以把他们称作维持高效和稳定结果方面的专家。而另一方面，乔在这些方面的建议，你要有所怀疑、不可全信。

▷ 为什么高效流程可以转变服务

我们可以理解为什么以服务为主的团队往往对精益生产一类的管理体系的重要性持怀疑态度。毕竟，要想在行业中脱颖而出，让客户对你有信心，我们要力求预见到，并提前满足客户的需求，因为"准时"（just in time）满足可能意味着太迟了。我们坚持要有"超量"库存，因为这意味着即使意想不到的需求出现时，我们也能维持较高的服务水准。（"当然，我们可以提供。"）我们甚至鼓励员工代表客户"重复"提出他的要求。（"让我一小时后再替您给供应商打个电话。"）之所以这样做是因为在客户看来，我们这种愿意为了他们而影响自己工作效率的举动是对他们的关心。从更广义上讲，我们常常需要员工为了关心顾客而"低效率"，因为这会让客户更看重我们。

向施乐取经

多年以前，我们以施乐公司为标杆，采用了施乐教给我们的持续改进／问题解决方法。施乐的方法确实有用，特别是在团队要减少浪费、解决企业面临的其他问题时更加有用。施乐的这套管理办法由 6 个部分组成。（有必要的话重复使用，直到不再需要为止。）

第 1 步：确定并挑出需要解决的问题

第 2 步：分析问题

第 3 步：汇集可能的解决方案

第 4 步：选择并制定最佳方案

第 5 步：实施方案

第 6 步：评估方案

　　基于上述原因，我们这类型的企业似乎更容易接受精益生产的第二条原则：价值由客户决定。如果要经过一千次的"低效率"才能建立对我们有信心的忠诚客户，那就去做好了。是的，为了得到客户的好评，而不计得失地给予客户无微不至的关心，是要下无数工夫的。但是，当客户有了较高的满意度和忠诚度，他们也会更加看重我们，他们越是看重我们，我们就赚得越多。有些硬性的衡量指标对于服务业和制造业同样重要，如缺陷减少指标等，但这里还有一些更多的指标：在以服务为主的行业里，我们的客户往往说不清具体是什么令他们感到满意，只是对我们有种莫名的好感，觉得喜欢我们，愿意再来，而且（我希望）愿意把我们介绍给他们的朋友。这是忠诚的客户对于我们所提供的优质服务而给予我们的唯一一种"价值评价"方式。

　　那么"效率提升价值"的理念真的可以帮助我们为客户提供

更好的服务吗？我相信是可以的——只是要限制一下它的应用范围。我们确实希望高效率——尤其是提高幕后运作的效率。例如，我们再回到前面提到的朋友乔的例子，如果持续地按照精益生产方法来经营，可以给他的餐厅带来巨大的变化，一改过去不考虑实际需求、批量生产的做法，不是停工期无事可做，白白浪费时间，就是厨师在高声吆喝、一个劲儿地催大家"加快速度"，场面一片混乱。提高幕后工作的效率，可以减少失误，缩短时间，使员工时刻保持清醒的头脑，更好地为客户服务。[3]

类似地，对于网上业务，通过分析客户的消费模式，可以在幕后简化客户选择的程序，只要不侵犯客户的利益，这样做既对公司有利，又对客户有益。如果网上客户想用大家都知道的方法"帮你一把"，自己管理个人账户，这样你就可以提高效率，以更低廉的价格提供更快捷的服务。多数情况下，我们建议这种自助服务应该出于自愿，或者至少要有一个监控系统，随时关注客户的操作情况，给客户多留几条后路，方便随时退出——例如高效的、受过良好培训的网上客服和免费的热线咨询电话，以备客户在操作过程中遇到障碍。

▷ 杜绝浪费？别不小心毁了价值

我们希望大家手边都有一个巨大的红色"暂停"键，每当你迫不及待地想清除某些客户服务流程、程序或改变过去多年的服务形成的传统时，可以按下这个键，多考虑一下。我们的担心是因为有过这样的经历：以服务为主的公司往往会以提高效率为名，省去服务过程中最有价值的一些环节。当它们意识到自己失去了什么时，为时已晚。你是不是也在想事后给客户的感谢卡对客户来讲没什么价值？原先你给每位来访客户准备的亲笔签名信也是浪费时间？你的客户不会注意到你从网站上撤掉了某个很少使用的功能？也许你是对的，但是先别急着动手。因为你很可能低估了这些传统的做法对客户的价值。让我们解释一下。

首先，人们在生活中的许多方面会产生情感依恋——包括对你的员工、你的服务程序和服务特点的依恋。情感依恋本身是非理性的。如果你在某种特定环境中（工作中、人际交往中、在开普敦度假时）反复体验到愉悦，你就会对这种环境产生情感上的依恋。好像一个小孩从小在一个房间里长大，习惯了房间的墙是黄色的——本来是白色的——你再把它刷成洁白，他可能不会像父母期待的那样满心欢喜。

同样，在你看来耗时费力、留着也是"浪费"的一些服务，可能对某些客户已经产生了情感价值。但糟糕的是，即使最善于言辞的客户也说不清楚这种依恋有多深，比如，每天早晨在前台闻到的那股咖啡的清香——因为人们往往会低估这种长期形成的情感依恋所产生的力量，等意识到了就为时已晚。直到该分手了才惊讶地发现自己是多么思念心上人，你是否也有过这样的体验？那你就不难明白我在说什么了。

更为普遍的问题是，人们往往对积极的体验不太在意，因此不知道具体是哪些方面让他们感觉特别好。当你让人们回想一下当时的体会时，他们总想找出一个"我为什么喜欢／讨厌它"的理由来加以解释——毕竟，这是你要求他们做的。但是在社会心理学上，有一个经过反复验证的结论，那就是人们可以准确地体会到自己内心的感受，但他们在解释为什么会有这样的感受时可能完全不准确。人们尤其不善于察觉他们的积极感受的来源。那最后的结果如何呢？如果你问你的客户"请列出五件在您与我们的交往中最令您满意的事"，我想，即使最聪明、最善意的客户也会搞得你一头雾水。所以不要急着删去那些没有排在前面的服务项目。

不妨做做这个练习：让朋友回想一次吃大餐的美妙体验，即使只在一两个月之前。然后询问她：

你记得吃饭的餐厅是什么样的装饰风格吗？

记不清了。

你还记得服务员长什么样吗？

不记得。

你记得餐厅领班长什么样吗？

不记得。

开胃菜吃了什么？

记不清了。

喝了什么饮料？

记不清了。

代客泊车的服务员有什么特别之处吗？

不记得了。

那你觉得这次大餐好在哪里？

我真的不知道，但确实是很不错。

　　按照精益生产的方法（只有客户认为有价值的才有价值），以上所列种种，每一项单独来看，都可以归入浪费的行列：代客泊车的服务员（按以上描述，你的朋友可能是乘公交车去的）；记不清面孔的领班（她可能是自己入座的）；记不清长相的服务员（可能是自助餐）；甚至食物、酒水的质量，室内装饰的风格，她没有一样记得清楚。但正是这所有的点点滴滴，以及其他许多的细节，最终构成了比各部分的总和要多的总体效果：是集合的力量。这就是为什么在服务业关注细节是如此的重要：要确保每一个接触点都得到很好的执行。

　　另外，我们可以推测一下，这些细节加在一起，是如何给你的朋友留下深刻的印象，令她对那晚的"美妙"赞不绝口。我们

先来分析提到的最后一个接触点（像问候你好 / 再见 [见第 11 章]
一样，这是最有可能给人留下印象的一点）：我们想象这位代客泊
车的服务员会向她问好，向她微笑，动作迅速。他不是走着去给
她取车，而是跑着去。这个动作潜意识地传递出他很关心——他
一心想着马上为她服务。他给她擦了挡风玻璃。他没有换她收听
的电台频道。他没有挪过驾驶座椅的位置，使她需要重新调整，
或者他确实需要调整座椅，至少也会对给她造成的不便表示关
切："夫人，我得移一下您的座椅。"

开放式服务

创作一幅壁画，需要调色板、技巧、时间和注意力——以及
判断力和先见之明，能够想象出正好适合放到这面墙上的画是什
么样子。要想创造卓越的服务，就要抓住每一次和客户接触的机
会，为完成你的大作增色添彩。

优秀的服务提供者总是在寻找机会，拿出调色板并加上几
笔，便整个画面更加生动，给人留下深刻的印象。在面临减少浪
费的问题时，优秀的服务提供者深知这几笔的重要，只要能真正
传达给客户，永远都不算是浪费。这才是企业健康发展的保证。

▷ 互联网上以流程为基础的预期

当你通过互联网与客户打交道时，你可以借助软件算法提供预期式服务——为客户提供个性化的指导和帮助。最好的预测运算法则可以帮助客户在举棋不定、不知该选哪种服务或购买哪种产品时作出抉择。它通过分析以往客户在面临和当前客户同样的情况时所作的选择，结合客户本人以前在这个网站上的交易行为，为客户提供参考。

Netflix 在线影片租赁网站就是一例，它的预测程序算法异常复杂。它把以前数百万客户的选择数据储存起来，据此进行预测推算。用户一开始挑选影片或给影片评分，Netflix 的预测软件就能准确地预测这个客户喜欢哪些影片。该软件还能在客户第一次挑选影片之前，根据客户的性别、所在地的邮政编码和初次上网的"搜索风格"猜测客户喜欢哪类影片，给人留下深刻的印象。

人们对于预期式的服务会觉得很兴奋，很感激。这也是为什么能够猜出客户心思的 Netflix 会给人留下如此深刻的印象的原因。真的，经常光顾这个网站的客户会觉得和 Netflix 有种"缘分"；他们觉得这个网站好像很"了解"自己。Netflix 就是这样建立起超强的客户忠诚度的——它是互联网上最让人喜爱的客户服务网站之一——虽然它从未与客户有过哪怕一次直接接触。

但是在你急于把自己的企业变成 Netflix 之前，别忘了我们在

第 5 章讨论过的在网上稍有不慎就容易越界，从"无所不能"变成"鬼鬼祟祟"。鉴于此，网上零售商是应该根据追踪客户 IP 地址查出的客户以往交易行为，提出针对该客户的购买建议呢？还是应该等到客户主动登录后再提建议呢？总是按捺不住想超出界限，对吧？毕竟，如果你分析了该客户在你网站上的所有交易行为，你就能让你的网站更符合他们的需求。

但是也要考虑不利的一面：你的客户想让你在他们未登录之前就跟踪他们以往的交易行为吗？你想冒险承担由此带来的负面影响吗？比如不经意间给孩子推荐了带花边的性感内衣，其实是他们的父母在上网浏览情人节的礼物。

我们认为一个有责任心的服务提供者作出的决定应该切实符合客户的利益——而不只是表面上看是在为他们服务。所以在使用网上预测技术时要把握好分寸，不要让你的公司有鬼鬼祟祟之嫌。

▷ 运用工具收集客户体验信息

有很多种现成的工具可以帮助你把客户的观点融入你的每一种产品和服务中。考虑运用下面的一种或几种方法：迷你顾客调查（"小测试"）、深入调查，以及通过神秘顾客去收集客户体验信息。

内部"小测试" 在现场搞一个三到七个问题的小调查或

"小问卷",往往会有很高的参与率。相比之下,在客户走后寄调查问卷到他家,或者用一份完整的调查问卷,不管是当场提供还是事后寄送,客户的参与率要低得多。

深入调查 深入调查对任何一个公司都很有用,不管你的公司有多小。如果你的公司规模足够大,可以产生一定数量的调查数据,你应该很好地管理这些数据,对它们进行科学的分析。最好是和专业外部公司一起合作来做。但是,如果你决定进行深入调查,一定要参与调查的设计和管理,因为进行这样的调查毫无意义:调查给了你一大堆答案——但问题都是错的!考虑下面几点:

* 调查应该体现最重要的问题,比如客户的好恶和需求。设计得好的调查问题表达清晰、直陈要义。

* 调查应包括空白的文字区域,让客户自由发表意见,从中可以发现一些你从未想到过的、颇有新意的问题。

* 设计问题和有关本次调查的介绍时要力求得到有意义的回应。让客户去做计算("估算一下你这个月再次光临本店的概率有百分之几……")会把人搞糊涂、让人心烦。先问一些个别问题,然后才问到总体评价,这样的安排顺序可就错了,总体评价也无效。要先让客户给你一个总体评价,因为这是一个最重要的评级,它反映了客户的直觉。最后,要以这样的语句结束调查,比如"非常感谢您对我们的信任!"这会帮助你最终让客户站在你这边。但是不要一开头就说漂

亮话——会歪曲你的评价结果。不要用"非常好"作为评价类别;"非常好"很难定义,要找一些能够反映客户自身体会的标准。"超出预期"就是一个不错的词,可以作为最高评级,或者用一些带有感情色彩的词,比如"很喜欢!"作为最高评级。

- 最能代表客户忠诚度的两个问题是"是否打算再次光临"和"是否愿意推荐给他人"。这两项如果得分最高,就足以说明这是一个忠诚的客户。

- 从开始到现在,你可能会怀疑我们所说的是否正确。但是根据我们的经验,与所有调查项目的平均值或总体满意度相比,调查表中"最高分项"的分值(得分最高项,特别是在"是否打算再次光临"和"是否愿意推荐给他人"这两项打分最高)对树立你的品牌更重要。换句话说,给你最高分、把你评为最高级的客户对你的企业具有战略价值。这些才是你的忠诚客户。换种方式,在一份设计合理的调查中,看到一大把 10 分(如果最高分是 10 分的话)和少数几个 4 分,你应该比看到各项都是 7 分更感到高兴才对。给你打 7 分的不是忠诚客户,不会让你的品牌家喻户晓、声名远扬。而且,有了从本书中学到的技巧,你就不会被少数几个 4 分吓倒:你会马上出击,努力改进,把它们从 4 分提高到 10 分,不会让它们再出现在其他的调查中。

六个调查失误：如何快速疏远客户

1. 收到负面反馈置之不理，不亲自且马上给予答复。当收到负面调查反馈意见时，应即刻电话（大多数情况下采用打电话的方式最好）或邮件回复；这种情况下，书面答复要较长时间客户才能收到，这中间不免引起客户的不满。不要看都不看是否有急件需要即刻答复，就把一批反馈意见搁置一边，等待日后集中处理。

2. 没有致谢——再次强调，亲自——对任何一个在调查中给你好评的人都要表示感谢。在这种情况下采用书面致谢效果最佳。

3. 给予配合完成调查的客户的奖励与你公司的形象很不相称，或提供中奖概率很小的、毫无意义的抽奖。（与其给予上述任何一种奖励，不如简单说一句，"我们真的希望有所改进——如果您愿意，请接受我们的调查，帮我们把工作做得更好。"）

4. 让客户加入"顾问委员会"或担任类似的荣誉职务……然后只是在明显拿他们当噱头时才跟他们联系。

5. 设计的调查表太过冗长，没有简短的问卷可填，也没法跳过任何一部分。（你真的只是想了解客户的喜好，才让他一题不落的回答完30个问题吗？）

6. 问一些侵犯个人隐私的问题（如收入或性别），而不是把这类问题设为可选项。不要以为参与调查者会完全信任你的保密措施。

神秘顾客　专业的"神秘顾客"会隐藏其真实身份，光顾你的公司，然后向你详细描述其购物体验。对有些公司来讲，这种方法非常管用。从完全是局外人的角度来审视整个流程对某些公司来讲非常有帮助。公司成员对来自于他们的社会和权力等级以外的人的批评也会有不同的反应——这些人跟他们没关系。有些员工发现当局外人指出他们工作中存在的不足时，他们更容易接受这样的事实，而且会马上改正。

另一方面，正如外部调查一样，这种提供神秘购物调查的公司要明确知道你要测试什么。对你来说比较重要的可能是一些很具体、很微妙的环节。所以一家外部公司默认使用的通用调查表是没用的。你要和他们一起合作，确保他们要了解的正是你需要了解的情况。

用仪表盘把握方向更容易

从理论上讲，你可以开车不用仪表盘。但你迟早会因超速行驶被人抓住，要么就是没汽油了或发动机烧了——所有这些危险，仪表盘上的指示灯一早就会发出信号。经营公司也需要有个仪表盘：醒目的里程表和预警信号，及早提醒你防范可预见的问题。

我们推荐的这种仪表盘不仅包括传统意义上的"硬性"测量指标。光靠这些指标来把握方向有点像看着账本做生意（"你看，我现在没透支，肯定一切都正常。"）；这不是一种全方位的公司管理方式。仪表盘简单明了，一目了然，可以把重要的信息摆在显著的位置。所以，你的仪表盘上要显示所谓公司健康发展的一些"硬性"指标，如生产能力、收入和支出状况，但至少也要包括其他一些同等重要的指标，如员工参与度、解决问题的成功率和客户的忠诚度。（对那些愿意向他人推荐和再次光临你公司的客户，你是在逐渐失去他们还是在争取更多这样的客户？在你的仪表盘上应该一看便知。）这些"较软"指标可以通过你偏好的追踪工具获得——你的客户"小测试"、调查、神秘顾客的反馈、员工整理的报告，以及经理层和人力资源部收集的有关员工参与度的数据。

▷ 从流程入手变为从人员入手

当你能够预料到客户的愿望时，这意味着你对客户非常重视、非常关心，这种关心是客户没有说出来，但是普遍渴望得到的一种关注。在许多行业，你出售的实际上是这种关心给人带来的愉悦：一种丰富的、个人的关爱。具有讽刺意味的是，我们提供给客户的最昂贵的东西——完美无瑕的产品——只是块敲门砖。唯有个人的、无微不至的关心才会令你与众不同，赢得客户的忠诚。

你不需要用豪华的品牌或专门的服务来建立客户忠诚度——尽管一些涉及你该如何满足客户需求的具体细节会因客户本人的期望不同和文化背景的差异而有所不同。比如，人们希望迪士尼公园的员工能够步履轻盈地提供服务，他们也需要这样做。相比之下，高级水疗却要缓慢、细腻的服务。根据我们的经验，无论什么样的企业——从高尔夫球场到谷歌网站，甚至是加油站——都可以通过打造预期式服务的文化而从中受益。

假设有个人在当地服务站加油——就叫迪纳加油站吧——一般在早晨。他是一个习惯性的客户：上班时顺路在这儿加油对他来说很方便。但如果是从办公室回家的途中，他不会为了光顾这家加油站而费事开出半里地，再掉个头来加油。除非特别方便，否则他会去其他地方加油。

加油站那个服务热情、彬彬有礼的员工能不能做点什么把这个习惯性的客户变成他的忠诚客户呢？换句话说，你能不花一分钱，就让这位匆忙出行的先生以后情愿多开半里地也要来你这儿加油，来你这儿买其他利润更高的东西，如牛奶、鸡蛋、零食——甚至是车载音响吗？

我们鼓励大家对这个场景角色表演，迪纳加油站会采取什么策略把他们变成忠诚的客户。我们让莱昂纳多做个示范，扮演客户的角色：

工作人员应该多留意这些习惯性客户：经常光顾、但不是很忠诚的客户。如果他有心，他会知道我来过多次。那么他会留意到这些客户信用卡上的名字——现如今，几乎每个人都是用信用卡付油费——至少在道谢时称呼我的名字。如果他做到了这一点，他可以更进一步和我拉近距离。比方说：

"噢，这名字挺有趣的。怎么发音？"

"因－基－莱－里，"我会说。

"这是个很不错的名字。您从哪里来？"

"我在意大利出生。"

"意大利，哇！在我见过的图片上，意大利真是美极了。您出生在意大利什么地方？"

"我出生在罗马。你是哪里人？"

"我出生在牙买加。"

"牙买加是个很美丽的小岛。我去那里度过假，蒙特哥湾。那儿离你的家乡近吗？"

"我出生的地方离金斯敦不远。"

然后继续聊下去。

如果一切顺利的话，这位工作人员通过上述谈话已经和客户有了交情。下次莱昂纳多再来加油站时，他会怎么做呢？他可能会说：

"莱昂纳多，欢迎回来！我好久没见到您了。您去欧洲了吗？"

"没有，我刚在纽约待了几天，看望朋友。"

"您看望的这些朋友也是意大利人吗？"

"不，不，他们来自费城。"

"噢，那不好意思，"他笑着回答说。

服务站似乎是个再平常不过的地方，然而这位工作人员却提供了预期式服务。他花心思记住客户的姓名、喜好和生活背景。因为几乎人人都渴望得到别人的关爱，而这位工作人员的行为正迎合了莱昂纳多没有表达出来的愿望。最终结果是，客户开始有一种忠诚于这位工作人员的感觉，往大了说，是对他的雇主迪纳加油站，有了忠诚感。这种关系继续发展下去，用不了多久莱昂纳多就会为了来这里加油，在高峰期也会不怕麻烦开出半里地去掉头。

一旦成了你的忠诚客户，加油站偶尔出现一些失误，客户也会原谅。这是培养忠诚客户的一个非常重要的优势。如果客户仅仅是对你比较满意，当碰到你出错时，他所有对你累积的好感又重归于零——这已经是最好的了。相比之下，眼前这位客户对迪纳加油站已经有了一种情感上的依赖，即使加油站的员工偶尔犯错，也不至于抹去客户心中积聚起来的对他们的好感。

数量绝非借口

不想回忆每个客户、他们的喜好或特有的癖好时，典型的借口就是"数量多"："我们每天要接待很多客户，哪能每个都记得那么清楚。"这个借口本身就值得怀疑，但我们经常会听到这样的说法，甚至客户基数比加油站要少得多的公司（每个客户的正面影响要大得多），比如法律公司，也这么说。事实上，在类似的情况下很快记住客户的一些无关紧要的细节，并且在打招呼时能说得上来，完全取决于员工个人。所以，合理的问法是：你能"记住"多少个客户？我们确信答案会是几百个。不是要你必须记住他们生活中的每个细节——记住几点就行。（当然，如果对客户的详细资料和喜好有更复杂的用途，我们建议你使用计算机辅助系统，在第 5 章讨论过。）

让我们假设一下，你在加油站拼命工作，一人负责 12 个油泵。每个泵每小时有 10 个客户，每小时就是 120 个客户；8 个小时一班，大约是 960 个客户。许多客户是在油泵前当场付费给

你，也就是说你可能一天要和几百人打交道。其中也许有 25%
是习惯性客户，我们建议你多和他们接触：在这种非常忙的行业
里，一天可能也就 50 个人。当然，在几乎任何一个行业里，要
求可能比这少得多。

但是你要马上行动起来。

从习惯性客户过渡到忠诚客户，如何把握这中间的平衡，取
决于人们的技巧：你雇用的、训练有素的、受激励在提供预期式
服务上出类拔萃的员工。(这里仅举一例，加油站的这位员工应
该有眼力见儿，如果察觉到莱昂纳多有些许不耐烦或不愿意被打
扰，就不要再一个劲儿地和人家攀谈。)物色、培训和激励这样的
员工才是最主要的，还要有奖励。我们很快就要再深入一步了。

先喘口气儿。你准备好了我们就继续前行。

你的员工

选人要看个性

预期式服务的艺术，就其核心来说，需要的是恰当的人员。你选的人要适合做这项工作，要明白他来公司的目的，要得到领导者的鼓励，接受必要的技能培训，并且每天巩固提高。

下面我们来具体讨论。

▷ 真实的自我已经成型：选人要看个性

如何在公司的各级岗位安排最合适的人选，善于预见客户的需求呢？你可以从转变招聘方式做起，从大多数岗位重视一技之长转向更看重人的才能。让那个待人友善、有洞察力、负责任、有亲和力、让人感觉很舒服的求职者来试一下——即使这意味着放过某个简历更符合工作要求的求职者。

这是为什么呢？尽管我们都愿意相信人的一生中，性格特征和才能任何时候都可以改变，但是在长大成人后，很少会有这种变化。几十年的研究已经充分证明，大多数人在成年后仍然或多或少保留着我们当初的某些性格特征和天赋才能。所以，如果简在压力下总是很容易和人发生争吵，那么她很可能在以后的几十年里都会有这种倾向。如果杰克现在是个非常有耐心、愿意倾听的人，那很可能他到年迈时也是这个样子。

我们能肯定某个员工一定会符合这种规律吗？当然不能。但是企业的成功靠的是一系列经过仔细测算的推测，而不是打包票。最可靠的预测就是你的员工未来的性格和才能已经形成。每当你在选择品牌代表的时候要记着这一点，你的公司会脱颖而出的。认识到这一点，你就会明白为何我们建议你采用目前所能找到的最好的个性和才能评价工具——恰当的测试、恰当的评估——找到具备你要求的才能的合适人选。

难道聘用最具有相关工作经验的人就不重要吗？答案通常是不重要。工作技能可以教，但几乎不可能去教一个人善解人意、充满活力或认知灵活性。所以，赶紧围绕终生个性去设计你的招聘程序吧，比如待人真诚、和蔼可亲、较强的语言表达能力、有责任感和使命感等。要列出对你的公司来说最重要的性格特征。

以下所列是我们认为加入我们公司的人要具备的最重要的五个特征。我们发现这五个特征对于挑选服务岗位的人选非常适用，从医院到银行、从技术服务部门到为网上花店提供服务的呼叫中心都适用。

1. 待人真诚热情。问问你身边的男性和女性朋友，他们希望自己的配偶是什么样的，他们的回答会略有不同。但有趣的是，一项又一项的调查都表明，不同文化背景的男性和女性都认同的最重要特点是：热情。相比其他，他们更看重对方的真诚热情（或者，有时也叫和蔼），它甚至超过了身体的吸引力、共同的兴趣或事业的成功。从婴儿期开始，热情就让我们相信别人不会表里不一、背叛我们或在我们最需要的时候抛弃我们。

人们有种固有的本领，能够迅速地察觉到对方的态度是热情还是不热情，他们也非常善于识别假装的热情。这就是为什么雇用那些待人冷冰冰的客服代表、希望通过培训让他们热情地接待客户的想法是愚蠢的。客户也像每个地方的人一样，非常善于识别假装的热情。

2. 善解人意。热情和善解人意是相互联系的，但是知道两者之间的区别，并让这两种品质都能在你的员工身上体现出来会很有用。认识其中区别的一种方法是：热情往往是真诚地表达对他人的积极情感。善解人意则是理解他人处境，并知道在这种情况下如何有益互动。

举个例子：琼是一家公司的员工，她热情有余，但不太善解人意。因为她热情，我们知道当一个老客户突然说他刚刚失业时，琼会想说一些合适的话。但是如果没有强烈的同理心、不会善解人意，她就不知道在这种情况下，怎么做会对客人有帮助，怎么做会弄巧成拙，怎么做会让这个可怜的人更加痛苦。

现在我们换上凯文，他和琼在同一家公司工作，非常热情又善解人意。他很关心客户，但他知道何时避免问私人问题，何时提出建议，何时只是问些温和的问题。同样是这个客户，凯文几乎一定能让他觉得有人理解他、支持他而且在慢慢地鼓励他。

3. 乐观向上的态度。服务是很消耗人意志的。初入行时是这样，做久了也一样。失败是常有的，也会有运气不佳的时候——如果你很容易悲观地看问题，你就不能从失败中站起来。心理学家马丁·塞利格曼研究过积极的态度在企业经营中的重要性。他的研究表明在许多岗位上，包括那些他称之为"让人精疲力竭的工作"，成功与失败之间最重要的一个区别不是智慧、运气或经验，而是员工具有一种"乐观型归因风格"[1]还是悲观型的风格。因为悲观的态度（"那个顾客不会真正想听我说的"）往往会导致一种自我实现的预言。（"我现在不能突然给那个客户打电话——我们已经谈了几个月了，她很可能已经把业务转到别的公司去了。"）

员工如何理解失败的原因，决定着他们在服务岗位上的表现。想想凯文，那个既热情又善解人意的员工，如果他还很乐观，他就不会因为客户冲他发泄而感到情绪低落——因此他会很容易恢复状态，精神饱满地投入工作。当客户的一份订单出了差错，悲观的服务人员会因害怕而不知所措——既害怕影响到客户，又害怕影响到自己。

（但是，你的公司里也要有一些带点儿悲观情绪的员工。悲观也有其积极的一面：谨防出错，事事都想得很细；克制一时冲动或鲁莽行事，不会轻易满足于"现在一切都很好"。在任何企业，对于某些岗位而言，从金融预测专家、安全人员到专职司机，过分的乐观是非常危险的。没有一个普适的标准适合公司所有的岗位。）

4. 团队取向。现在再来想象一下我们的凯文，面对一个情绪低落的客户，他热情周到、积极乐观、有洞察力。但是假如凯文不善于把客户的情况及时反映给团队的其他人，拒绝他人帮助（"你知道，我一个人就能应付"）。对于任何一个相互之间联系紧密的团队，凯文的这种工作方式很可能会惹出麻烦。如果他缺乏团队精神，他会破坏整个团队的合作气氛。

5. 责任心。责任心是一个含义较广的概念，负责、职业道德、勤奋、注重细节等都可以归入责任心一类。有责任心的员工会尽量把事情做好并以此为荣，对工作一丝不苟、有条不紊、有始有终。如果缺乏责任心，即使拥有世上所有的热情、同理心、乐观和团队精神都不够。对这样的客服代表，顾客会说出诸如此类的话："是的，凯文很善于鼓舞人。他真的好像很懂我的心思，帮我联系到了很多资源。但我想联系他实在太难了，他经常隔好几天才回复我的邮件，他会忘记做甚至是最基本的事情，最后跟你说吧，他今天打电话给我说丢了我的资料！抱歉，我已经受够了。"

不管你选择用哪些性格特征作为选人的标准，你一定要坚持你的用人标准，特别是在公司迅速发展的时候，更要宁缺毋滥。这种时候其他人可能会向你施压，要你赶紧填补空缺。你要顶住。

▷ 保持高招聘门槛

要抵住诱惑，不要为了填补空缺而聘用素质欠佳的员工。大多数情况下，宁肯让一个优秀的团队暂时超负荷工作，也比塞进一个不合适的人员强。在有些部门，这种现象看似奇怪，却是事实。对于以服务为重的人来讲，很难接受这个原则，因为我们想，比方说，快点有人接电话。是的，这很重要！但臭肉会坏了一锅汤，原本高效的团队会因为加进来一个不合适的人员，而影响整个团队的情绪。越是重要的岗位，受到的影响越大。

久而久之，我们会看到当你用错了一个人，整个团队的工作业绩都在下滑。为什么会这样？试想有一队跑步训练者，每个星期天晚上都会集中训练。他们的速度各不相同。马蒂跑得快，速度是 6 分 30 秒，旺达的速度是 7 分 30 秒——很快。莱昂纳多是 8 分 30 秒，伊斯拉是 9 分钟。那么整个小组的速度是多少呢？是组里最慢的人的速度：伊斯拉 9 分钟的速度。迟早，马蒂会说，"喂，9 分钟太慢了，我退出。"他会去别的地方，加入一个和他的速度接近的训练小组。经营公司也是同样的道理：当你聘用了一个不合适的员工时，你不仅拖了公司的后腿，还会赶走那些最优秀的员工。

你可能还会赶走你最佳的客户。每当你组建了一个大多数人都很优秀，但不是个个都优秀的团队，一般情况下，客户至少会碰到一个不太称职的员工。我们都知道客户往往会以他所遇到的整个服务链中最薄弱的一个环节来评价你的公司。这也就是为什么少数几个表现较差的品牌代表就会破坏你好不容易才建立起来的客户忠诚度的原因。

▷ **制定选拔规则**

制定有效的面试和选拔程序需要一些规则。许多企业利用招聘机构提供的科学人才选拔服务来选择员工。莱昂纳多就经常使用一个叫做 Talent Plus 的管理咨询公司设计的面试方案，迈卡的公司则通过 Caliper 人力资源咨询公司的评价体系收到了很好的效果。正如外部调查一样，当外部机构或体系能够顺应你公司自己的招聘标准时，就能收到最佳的效果。

无论是哪一种你认为合适的选择方式，都要把公司内部的人员参照标杆考虑进去。这也就是说你要把每个新求职者的情况与你公司最优秀的员工和最标准的员工进行系统的比较，看他们是否匹配。（最开始你不会有详细的人员参照标杆做参考。你可以随着时间的推移慢慢积累，掌握了足够的信息就把它纳入你的选拔程序中。)

一旦你确定采用某种科学的方法来筛选员工，就不要只把它当作"佐料"——一时想起就这里撒点儿、那里撒点儿，不合你口味就不加了。你确定下来的任何一个选拔程序，都必须用于每一次招聘。否则你永远不知道你的这套程序是否有效，还要不要改进。

▷ 宝贵的第一时刻

你确定你知道上班的第一天对员工来讲是什么感觉吗？有没有可能是像下面这种情况：

美体小铺（body shop）的主管技师看了看新来的员工，说："欢迎你来我们店。你叫什么名字来着？吉姆？噢，对。好，欢迎你来我们店，吉姆。让我看下你的制服，嗯；还有你的鞋子，好。你有钢笔、铅笔、笔记本吗？好的，都齐了。那好，你跟着比尔。他会带你熟悉这里的一切。"

于是，这位新来的员工就跟着比尔。比尔自从2002年因职业道德问题被降职后就一肚子怨气。打那以后，他最喜欢做的工作就是给新来的员工介绍情况。走到老板听不见的地方，比尔淡淡地冲着吉姆一笑，"我来告诉你这里真正是如何工作的……"

在这个世界上，每天都会上演这一幕，随随便便向员工介绍公司的情况，给员工造成长期的负面印象。高管和经理们根本不知道有这回事。一定不要把这宝贵的与员工接触的第一时刻浪费掉（或毁掉）。制定一个认真的、有效的向新员工介绍情况的流程。

▷ 你只有一个第一天

在最初的几天里，员工们特别容易受他人的影响——特别是第一天——上岗。这是因为开始任何一项新工作都有点茫然不知所措。心理学家已经证明，在这段时间里，人们特别易于接受新的角色、目标和价值观。那些新的价值观和信念最终可能是比尔企图在新员工心目中种下的具有破坏性的价值观和信念，或是你想要播种的积极的、具有建设性的价值观和信念。这在很大程度上取决于你如何向员工介绍公司的情况。

明白了这一点，我们建议你在给新员工介绍情况时，不要只强调实际的专业技能，而是要让他们懂得最重要的态度、信念和目标。把重点放在对你的公司最重要的内容上：核心的客户服务原则、你公司的价值观，以及你的员工为什么会而且如何才能成为实现公司总体目标的中坚力量。不要把情况介绍浪费在一些无关紧要的细节上。("这是休息室，我们每周五都会清理员工用的冰箱。")

尽可能让最高层的领导，最好是首席执行官，亲自介绍公司的价值观、信念和目标。这听起来有点不切实际，甚至不大可能，是吧？但你想想：霍斯特·舒尔茨在其任职期间，全世界每新开一家丽思卡尔顿酒店或度假村，他都会亲自在第一天给新员工介绍公司的情况。他现在依然保持着这个优良的传统，把它推广到嘉佩乐、索利斯酒店和度假村。

所以，要想想办法。你只有一个第一天。

▷ 确定员工的根本目的

介绍情况还有一个特别重要的方面，就是确保新员工了解他在公司的根本目的，并认识到其重要性。一件物品只能有一个功能。但一个人可以同时具备功能——日常工作的责任——和目的——这份工作为什么会存在。(比如，"为了让客人有一个难忘的经历"，我们希望本书开头提到的那位工程师就是为了这个目的走下梯子的。)

如果一个员工明白她在公司还有一个最根本的重要目的，那么她对待客户的态度也会有所不同，除了该做的事，她会更努力地去了解客户的需要，并创造性地满足他们的需求。这是一笔巨大的财富，当遇到令人困惑、棘手的服务问题，包括从未想到过的问题时，就会体现出它的作用。

即使在一般情况下，从第一天开始就有一个简单的认识，结果也会大不相同。你是否到过一个购物中心，盯着地图看，显然是辨不清方向——而有个保安却无所事事地站在那里"保护"着你，离你不过 0.5 米？保安有没有主动上前询问"我可以帮您做点什么吗？"如果他在我们公司工作，他一定会的。在介绍情况时，我们就开始让他明白，他还有更高的目的：为客户创造一次难忘的购物体验。当然，这包括制止坏人、抓坏蛋，但也包括为那些一脸迷茫的客户提供周到的服务。

▷ 介绍情况过程开始得比你想的早

从你告诉员工她被录用的那一刻起，介绍情况的过程就开始了。从那一刻起，你每次与这位新来的职员打交道，都会影响她对你公司的看法。所以，你要认真地考虑与这位新雇员的每一次接触，包括你公司寄给她的正式信函、当她问及有关福利待遇的问题时你应该如何回答等。

然后，介绍情况的过程就应当进入下一项内容，最具有情绪感染力的第一天，这是一个单独安排的环节，是过去与未来的分界线。它传递了一条重要的信息：从此刻起，你的工作生活、你的设想，甚至于你工作中的价值观都将不同于以往。

▷ 在第一天，没有一件事情是次要的

在准备情况介绍时，即使看起来无关紧要的事也会影响到新员工与你公司的关系。为了直接感受这些方面有多么重要，暂且假设你是接受情况介绍的那一方。你刚刚接受了一个新职位，被聘请出任某公司的初级副总裁，你非常兴奋。但直到报到上任的那一天，你才发现电话线还没有接好，你还没有电脑登录账号、名片，或者其他很多你需要的东西。但是公司三个月之前就知道你要来上任了：他们有足够的时间为你准备名片、工作证、公司的信用卡和停车位：所有实用的、能帮助你马上开展工作的东西。你已经预感到第一周将会什么都还没着落，你不由得对你签约的这家公司心生疑窦。在还没有正式安排公司情况介绍之前，你对新环境的印象已经很糟了。

现在假设在上班的第一天，你开始一项新工作的最重要的一天，你被挤进一间乱糟糟的会议室，有人发给你一堆印得歪歪斜斜的资料，让你在嗡嗡作响的荧光灯下阅读，周围到处摆放着计算机设备。这时你会下意识地感觉到客户得到的是不规范的、过时的、杂乱无章的、非常糟糕的服务。情况介绍是怎么做的！在这种情况下，公司那位高级副总裁还在那大讲特讲该公司"至高

无上的价值是追求卓越",很难让人不对此感到可笑。

所以轮到你来负责这项工作时,一定不要给员工留下不好的印象。先在关键同事面前预演一下第一天的情况介绍,直到你能连贯地、精彩地把它讲出来。精心准备用于情况介绍的房间,把所有的椅子都摆整齐,对成一条线,所有的东西都收拾得干干净净,所有视频设备都调试好。准备一些简单的茶点——热咖啡、新鲜的小饼干——摆得整整齐齐。只用优质的、经过仔细校对的、最新的材料。(不要怕浪费:多打印几份新的。)

▷ 树立品牌大使

经过第一天的激情演出,你进入一个培养新员工开展工作所需技能的漫长过程。最重要的是,你要启动"品牌大使"程序:这是一个把新人转变成优秀的公司代表的过程。这个过程需要多长时间取决于品牌的性质、员工的个人素质和员工所在的岗位。树立一个品牌大使可能会花两个月、三个月、六个月或是一年。但肯定不是一个一周、两周或几天就能完成的过程。

千万不要让新员工在没有完成情况介绍流程之前代表你和客户打交道。绝不能拿客户练新手。唯一能做的是让接受培训的新手"跟着"另外一个员工,并明确表示自己是新手,这样就可以防止他给客户带来任何负面的影响。

每个人都是专家

我们建议目前不从事管理工作的人员（不仅是人力资源部，而且包括运营部门的员工）都要参与部门的招聘、选人、面试和情况介绍。（注意，你与求职者之间的关系具有一定的法律敏感性，所以你要认真对待；你的员工一定要经过培训，才能承担这份责任，并且要受到监督。）对于团队中任何一个有服务意识的员工，有机会参与招聘工作会让他对公司有种自豪感、责任感和归属感。向新聘人员充分展示公司积极向上的目标，让他们参与人员的选定工作，自然会让你的员工有种使命感，会更加努力地工作。所以，你值得在这方面投入时间和精力，监督这项工作的完成。

▷ 磨刀不误砍柴工

组建一支优秀的服务团队的一个关键环节就是教学。你要作出重大的、持续的投资来开展这项工作，教会员工圆满完成工作所需的技能。企业通常把它们所进行的教学工作称之为培训，但培训不过是教学的另一种表现形式。

如果你认真观察过任何老师的教学，你就会明白他们的工作多么艰辛，远远不像看起来那么简单。他们的学生要经过数周的强化训练、指导学习，才能最终成为知识丰富、博学多才的专家。在企业里，培训人员的工作也不简单。那种高效的、始终如一的专业素养要经过数小时的专家指导、训练和示范才能体现出来。

没有办法避开优秀的培训所涉及的种种困难和麻烦，但你投入的所有时间和精力真的是值得的。在培训上下足工夫，并且懂得什么才是最适当的培训，这是你进入竞争日益激烈的市场的一张金门票。只有极少的企业和企业领导才有这样的恒心，为了培养优秀的员工、保持高水准的服务，下大力气搞培训，并把培训坚持到底。如果你有这样的执著和远见，你的公司一定会在行业中处于领先地位。

培训的激情

从中世纪开始，技艺高超的手艺人就会将年轻的学徒收入门下，教他们手艺——这个过程要投入十年最美好的年华。在现在这个讲求效率和速度的时代，再强调时间和勤学苦练似乎已经过时了。但是确保培训达到一定的水平是领导的一项重要责任，师父耐心、从容地把技艺传授给徒弟具有很大的价值。著名的企业都懂得它们必须是"学习型企业"：它们要向客户学习，向员工学习，而且要向竞争者学习。著名的企业也是"培训型企业"。否则，学来东西又有何用呢？

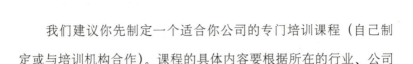

　　我们建议你先制定一个适合你公司的专门培训课程（自己制定或与培训机构合作）。课程的具体内容要根据所在的行业、公司的文化和客户的期望而定。

　　不管你的企业需要什么，我们鼓励你将重点放在培训员工如何权衡最重要的两个优先事项：一是为每一位客户提供预期式的服务，另一个同等重要的是与客户保持一定的安全距离，尊重客户的个人隐私。不要像瓷器店里的蛮牛，乱冲乱撞，把事情搞砸了。这两者之间的平衡很难量化；要把握好它需要时间和经验。但是一旦你掌握了两者之间的平衡，就能牢固地建立并大大地提高客户的忠诚度。

　　让我们用一个实际的例子来说明如何做到平衡。这个例子是我们最熟悉的——近在眼前——实际上就发生在我们身边。我们两人正在讨论这本书，我们坐在一个舒适的机场俱乐部的雅间里，服务人员随处可见。几分钟前，莱昂纳多说话时，一个举止优雅、衣着整洁、彬彬有礼的服务员打断了他。你觉得她这样做缺少什么吗？培训。那么我们来看看培训如何能在这种场合下发挥作用。

　　本来是很不错的员工，总是在不经意间闯入别人的安全地带，自己却毫无察觉。通过培训，你的员工肯定会做得更好。假设你当初选人时就十分注重考察员工是否善解人意，并具备了其他所需的性格特点，那么经过适当的培训，以下这些原则可以转化为他们的第二天性。下面就是我们要强调的原则：

原则 1：服务始于客户与你接触的那一刻。服务的第一步是热情、亲切的问候。你怎么做呢？隔着一段距离，一位客户，比如我们其中的一个，从我们所在机场雅间的这个位置，一抬头，一侧身，看到一个员工正从服务员走的那扇门走进来。他也看到了我们，用眼神和我们交流，脸上露出真诚的微笑。此时，"开关"打开，服务启动。

但也许我们其实并不需要任何服务。这时，这位员工要继续保持与客人的眼神交流。如果最后发现我们只是随便地抬头看看，他也会会意，冲我们一笑，我们可能也会冲他微微一笑又继续埋头工作。服务过程到此结束。这位员工已经用微笑让我们放心了，他就应该离开了，因为我们没有要求他提供服务。

原则 2：领会客户所传达的微妙口头或非口头信息。当客户和客人不准备要你帮忙时，他们就不想被打扰。如果他们需要什么，他们会开口。这里面的窍门就在于他们"问"得非常巧妙，但是员工必须要有足够的技巧去识别，就好像客户明确提出一样。

试着练习一下，我们可以从这一幕开始，两人正坐在雅间里交谈；迈卡转过脸去，因为他隐约察觉到有人走进屋来。彼此的目光相遇，员工冲他微笑。迈卡看了他一眼，也向他微笑，仍然保持着眼神交流。

这些就是最重要的信号：这时这个员工需要再走近一点，开口与迈卡搭话（"早上好。我可以为您做点什么吗？"）为什么？因为客户的非口头信息是："我已经看到你了；你还冲我笑了，那太好了。但是我正想通过保持眼神交流让你再靠近一点。"（如果什么都不需要，迈卡就会结束这种眼神交流，像第一幕中的情景一样：他会转回头继续与莱昂纳多交谈。）

原则3：与客户的节拍相吻合。对一个十分健谈、悠闲漫步的旅行者，你不可能像对待一个时间抓得很紧、言语不多的银行家一样。了解这一点是服务人员的工作。

原则4：安全距离是客户的保护区。如果此时打扰客户不是时候，那就别去打扰。你安排服务的程序和时间要看客人何时方便，而不是你何时方便。客人还在座时，别急着去换盐罐或胡椒粉罐。如果此时点亮蜡烛不是时候，就别为了让房间变得更温馨，而主动伸过手去为客户点燃蜡烛，虽然你的事项表上列了这一条。所有为客户提供的服务都要根据客户的需求、看客户的时间而定，不要因为员工要赶着做完事项表上所列的每件事而毛手毛脚置客户于不顾。如果与客户的时间不吻合，就不叫服务。

此例中，如果客人把通向雅间的门开了条缝，抬头张望——或者明显中断交谈——这时你就该进来看看有什么事。一直关注你的客人你才能注意到"门"开了这种细微的动作。比如，迈卡和莱昂纳多一直在交谈，然后莱昂纳多扭过头去好像在找什么人，这时服务员就要进来了。

"您好，先生，需要帮忙吗？"

"我想，嗯，你能给我再拿杯咖啡吗？"

"当然可以，还要来点点心吗？"

"不要了，谢谢！"

原则 5：把私人空间的门关上——或不关。当服务员拿来咖啡后，还有最后一步。客人有意引起你的注意，问你要咖啡，所以通往其私人空间的门此时是开着的。服务员拿来了咖啡，每个细节都很到位。那么他现在就该问："我还可以为您做点什么吗？"

客户会有两种反应："是的，还有，"或"不，没有了。"根据客户的不同回答，门可能继续开着或重新被关上。如果是后者，服务员要有礼貌地向客户道谢，然后离开。

这是最后一条原则："结束"服务。很多情况下，服务员都是冷冰冰地、毫无人情味地丢下一句"再见"或"好的"，或者什么也不说就走了。结束服务和开始服务同样重要，是最后一笔，要画上圆满的句号。

▷ 巩固：每日自省

服务的准备工作就好像画画：着色越浓越厚，就越不容易褪色。尽管如此，时间长了，员工的"画"也会磨损——一方面是日复一日地和客户打交道，另一方面是管理需求，还有工作以外来自于生活的压力。

即使生性最友善的员工也经不起这种折腾，所以要对画的表面进行打磨抛光——最好是每天进行。

奇怪的是，一项工作的技术方面实际上会使问题变得更加严重，它可以像一粒沙，日复一日、一点一点地磨去"卓越服务"这幅画的光泽。为什么？因为专业的服务人员每天都要从事技术方面的工作。假如某人是达美航空公司的客舱服务员或布鲁明戴尔百货公司的零售店员，他每天干的都是技术方面的工作，检查客人的进出、处理交易、扫描检查物品、信用卡支付，天天如此。最后他会做得非常非常熟练。

但是，这只是他在公司所能发挥的作用的一部分：什么可以支撑他继续发挥这样的作用，为他人提供周到的服务——一遍又一遍，不知疲倦，用几乎一成不变的方式？如果公司想保持较高的服务水平，就要想办法不断地探讨服务的理念，让每个人——从一线员工到高层主管——都参与进来。有一个办法可以让你做到这一点，每日站立会议。

我们知道每个行业和每个公司有各自不同的文化。我们也绝不会死搬教条地非要你把我们的"每日站立会议"制度应用于每个企业。但是，在我们工作过和提出过建议的公司，自从实行了这种做法，都发生了巨大的变化。关键是要在每天的同一时间将全公司员工分成若干小组集合起来同时召开站立会议。就服务某方面的问题展开讨论（例如，服务指导原则中的某个原则，并以对某个客户的服务为例）。通过让大家站着开会来证明你主张开短会、抓重点的工作作风，假设参会人员中没有人有残疾，这种场合对他来说可能会有所不便。

这种服务程序是受到了传统礼仪的启发，但已经发生了180度逆转。过去服务业的传统是员工签到，并利用这个机会通报每天的特别事项和其他日常情况。不同的是，在当今世界，卓越的服务所面临的挑战并不在于这些服务的基本功，以及与技巧和细节相关的新理念。（把那些放到你的维基网上。）目前的挑战是即使你的情况介绍做得再好，枯燥乏味的日常工作也一定会使人们只追求业务的精通，而忽略更高层次的追求，即实现公司的目标。

每日站立会议就是一个很好的机会，让你的公司把注意力集中在最重要的目标上，让所有的员工齐心协力去实现这个目标。开个站立会议只需几分钟，但它产生的效果却非常重要。

　　根据你公司的规模试着做一下。要想给你的客户带来一次特殊的体验，没有比公司上下一条心更有效的方法了——没有比每一天、每天一次更好的时间来集结你的队伍了。

超预期服务领导者

引导以客户为中心的企业

服务取向的企业保持生产能力所强调的重点与制造业不同。你的服务能力完全取决于你拥有如何参与——如何表现专业"活力"——每天与客户打交道的员工。而员工参与，反过来，又要靠公司的领导力来推动。

▷ 服务部门领导者为什么关键？

一条流水线，通常有两种计算生产能力的方法。一种叫做"理论生产能力"，在一个班次的工作时间内该流水线在理论上所能达到的最大产出：比如，100个单位。另一种计算方法，我们叫它"预测的实际产量"，乐观一点，还以100为起点，因为在开工日之前，流水线上一般不会有什么问题。（注意：这是许多情况的一个简单描述。）随着日子一天天过去，一件件产品顺利通过流水线，突然一件产品在到达流水线时，有一个零件不匹配。这标志着生产数量减少一个，或者说"预测的实际产量"打了"折扣"。最终在交班的时候，又有一件产品出了问题，使产量再也达不到理想中的100。

与之对比，我们来看看某个服务部门在刚开始接班时是什么情况。员工们刚上班，还没见到一个客户。第一个来的员工是阿维娃。昨天下班回家途中，她出了点小车祸，倒是不严重：车门和保险杠被刮了一下。不幸的是，这是她星期六刚买的新车。阿维娃难过吗？哦，是的——她真的很难过。

第二个出现的是马克。马克过得怎么样呢？他刚发现有一张他几个月都没注意到的账单，现在影响到他买房了。那张该死的20美元的医疗费用单在他还不知道的情况下就被列入了欠费记录，现在要影响到他的信用评级了：他要为30年按揭的住房每月多支出70或80美元。他能脱身吗？你最好相信。

你认为这些事都不会发生在你的员工身上吗？它们随时都会发生——而且它们会降低你公司的服务生产能力。记住：阿维娃和马克还没见到一个客户呢。他们还没有和别的同事交谈，还没打开薪金支票，还没发现会计部有人忘了给他们计加班费呢。但是，你已经在困境中开始一天的工作了——与生产部门形成鲜明的对比，在生产部门，一旦开始了一天的生产，生产任务是逐渐减少的。

为什么领导者——从最高层到整个管理层——在服务部门起着关键的作用，其中的一个原因就在于此。不断地加强与员工的联系，同时也加强员工与组织的联系，这才是最有效的策略。这样做的目的是什么呢？你要让人们去工作，而且要让他们这样想，"你知道吗？也许，我要是根本不用去工作的话，可能更好，但是既然我必须要工作，我就会喜欢这个地方。这里环境健康、清洁、迷人，处处能得到帮助。所以，我要集中精力、认真踏实、尽职尽责、忠于职守、全力以赴地去工作。"在一个以客户为中心的企业里，领导的中心工作就是带领大家达到这种境界。

▷ 卓越服务领导者的五大特征

根据我们的经验，卓越的服务领导者具有某些共同的特征。以下所列是建立卓越服务机构最重要的五个特征。

1. 愿景：领导者能够对未来有一个生动的构想，然后从未来的设想中找到公司明确的发展方向；并能够预见到未来要达成的目标的丰富细节。

2. 凝聚力：成功的领导者能够按照某个理念，比如"以客户为关注焦点"，把整个公司凝聚在一起。卓越的领导者会积极努力、化繁为简，把复杂或抽象的理念用简洁、具体的语言和比喻表达出来，让人们能够理解。员工们不一定总能理解暗示的或表达得模糊不清的信息，特别是那些不在多元化、设有众多分支机构的公司工作的员工。

我们中的愤世嫉俗者

在一个创办已久的公司掌握大权的领导者（或者，在扭转局面的情况下更为重要），对那些一直有不满情绪、对什么都表示怀疑的愤世嫉俗者要妥善处理，在重新凝聚整个团队的过程中，不能小看他们的作用。至少有两种办法可以解决这个问题。一是清理门户，这在法律上和实际操作过程中比较复杂，弄不好会带来新的愤世嫉俗者。（"你还记得会计部的谢丽尔吗？她一直说管理层要找她麻烦，你猜怎么着？他们真的找她了……我猜下次就该找到我们头上了！"）

比较成功的一种手段是运用正能量、不去刻意理会他们，把这些难搞的人拉拢回来。试着采取这种手段，把你的员工分成三种人：积极向上者、持怀疑态度者、愤世嫉俗者。然后把所有精力放到那些积极向上的员工身上。这样一来，那些真正的反对者很快就会自行其路，那些稍有"怀疑"的人就会和积极向上者站在一边，因为看到他们得到了你的支持。

3. 设定标准：领导者既管理整个过程，又要衡量工作是否达标——领导者要做的事很多，可不只是当拉拉队长。比如，当新推出一项改进措施时，领导者不仅要提出设想

（"推出这种新包装非常重要，因为这样做，到明年年底我们将成为推广使用再生材料的行业领袖。作为公认的领袖，我们可以带动更多企业加入我们的行列。"），还要坚持在日常工作中对这项刚刚起步的事业给予适当的时间和其他方面的支持。每迈出重要的一步，都不要急功近利，要留出一定的余地和空间，让这些措施落到实处。

卓越的领导者还必须会设定绩效标准，并让大家负起责任。大多数公司都有过因内部不协调而带来不良后果的惨痛教训，这都是因为缺乏标准所致。没有一个严格执行的标准，即使最天才的服务团队也很难解决内部不协调的问题。例如，想想一个很简单的概念"时间性"的含义。走遍世界，你可能已经发现，如何定义时间性，不同文化之间会有非常大的差异。如果你家里有十几岁的孩子，你可能会注意到他们对于时间性的理解也和你不一样。我不是在抱怨这些孩子：他们的时间观念和成年人不同，所以他们对于时间性的含义有不同的理解。但是当你要与这些孩子们合作搞一个重要的项目时，这种差异自然会打乱像你这种来自成人世界的人的秩序，让你很郁闷。在企业里，要想成功地管理各项工作，你就必须设定、跟踪和执行各项绩效标准。

4. 支持：无论从字面上还是形象化的角度，一个好的领导者不会让员工因为工具不利而受累，没有比这更让员工气馁的事了。人们经常要求员工在得不到有力支持的情况下完成自己的工作。一个好的领导者，他知道员工需要支持——特别是在资源、培训、设备和材料方面的支持，才能顺利执行自己的任务——他们要确保这些支持能够到位。

5. 动力、认可和奖励：许多领导者低估了这些因素的重要性。动力是员工的救生衣，是他们的游泳教练。当海面波涛汹涌，动力会支撑员工浮在水面上。它会让她知道她会得到支持：她会继续游下去并且获得成功。她能坚持下来，是因为目标就在前方，她正在一步步地接近目标。在途中的某一段，她开始游得很好了；她正在帮助公司实现目标。对她出色的工作，你表示认可；你给她奖章、金牌、奖金，或是一句简单的道谢。卓越领导者是不会放过这种机会的，他们对员工作出的贡献予以充分的肯定，他们会以同样饱满的热情，像热切地寻找亟待解决的问题一样，寻找机会为员工庆祝。

▷ 道德领导

不能把员工看成是机器上的一个部件——一个齿轮或一个螺

栓。这是不道德的，而且对企业来讲毫无意义：螺栓是死的，人是活的，螺栓不能伸长了去帮顾客。但是一个人，在领导者的启发下，可以灵活调整，向左或向右伸长一点，以适应不同的需求——从而建立起你公司的价值。

我们所说的对员工道德领导，至少包括以下几点：

- 让他们参与设计对他们有影响的工作流程

- 增强他们的工作自豪感

- 强化他们的目标意识，而不仅仅是发挥他们的工作职能

- 在顺境和逆境中，给予他们所在的社区和家庭以支持（不管他们的"家庭"是如何定义的）

- 支持他们参与严格来说不属于他们的职责范围的其他部门的工作

而且，最根本的一条，道德领导要懂得不能把员工看作是"八小时的劳动力"——虽然，如果你看一下你公司的损益报表，劳动力被计为"全职人力工时"（full-time equivalents, FTEs）。公司在招聘按班轮换的工人时也是这样，从来不写人这个字："我们需要五个全职人力工时，五个都上保险，一天三班倒，一年 365 天。"

人不是全职人力工时。

领导力无处不在

一个拥有卓越领导者的机构会在公司各级都培养出领导者。我们以一个最卑微的职位为例：负责教新来的工人如何清洁卫生间的低级主管本身也可以成为一个服务部门的领导者。如何去做呢？首先，她在教具体的技能之前先描述她的愿景：保持卫生间的清洁是件该做的事，因为客人和来访人员都会很感激。当你给我们的客人提供了干净的卫生间时，他们就会对我们公司有好感；就会喜欢我们，愿意再次光顾。而且回头客对于我们公司的效益来讲非常重要。

接下来，她在向新员工讲述了未来的愿景后，就开始培训她的新员工。（"这些化学清洁剂要这样使用，要特别注意安全。"）她会解释清楚"干净"的具体标准是什么：地板上无垃圾或灰尘。镜子要闪闪发亮。垃圾桶永远不能超过半满。

处在这个职位上的领导者也建立了一个很好的衡量和检查制度，以保证员工的工作达到一定的水准并长期保持下去。

她还要确保给予新员工适当的支持。她给他提供优质的工具，并且培训他如何安全、正确地使用这些工具。

此外，她与员工之间经常交流，通报情况：如果公司某一天要接待特别多的客人，她会提前告诉手下。

最后，她还不断激励员工，让他有动力。他干得不错时，她会告诉他；他帮助公司实现其目标时，她会赞赏他。要改变某个涉及他的工作流程时，她会征求他的意见；她会找机会让他得到认可和升职。

控制成本
V.S. 优质服务

关于价值、成本和定价的忠告

客户忠诚度是种非常奇怪的东西——顽固之极，连你的会计都会感到惊讶。有了忠诚度，客户对价格就不那么敏感，心甘情愿向你掏腰包，主动找机会帮你拓展业务（假设你不会滥用客户对你的信任），死心塌地忠于你，其他竞争对手很难挖走他们。但是任何一家公司都不可能把所有的收入都用来最大限度地照顾客户的感受或维护客户的忠诚度。幸运的是，也不需要这样做。在第 6 章，我们介绍了如何用生产企业的制度帮助服务企业最大限度地减少幕后成本。在本章，我们要和各位探讨大家最关心的问题，如何在控制成本的同时仍然提供优质的服务。

▷ 提高客户忠诚度的服务真正花多少钱?

我们认为只要能赢得忠诚的客户，花再多的钱都值得——因为它所带来的巨大收益。但是，要花多少呢? 在某些情况下，高级服务确实比普通服务要花费更多。比如，宾夕法尼亚州和康涅狄格州的 ESF 夏令营团队聘请的是年纪大一点的、更有经验的顾问和员工，而不是你经常在其他同类机构中见到的"孩子给孩子做咨询"的情况。在 ESF 夏令营中，即使最年轻、最没有经验的顾问也是大学生，具有儿童早期教育、初级或中级教育、儿童心理学、社会工作、咨询或其他相关领域的文凭。员工与营员的比例是同行业中最低的，而且分配得很合理：比如，白天营房由一个护理人员负责，所有高峰时段则安排两个护理员值班。

这种做法比通常的做法费用更高吗？当然。但是家长们忠诚地拥护这家夏令营机构；他们想得最少的是把它的性价比与其他夏令营机构进行对比。而且，像所有忠诚的客户一样，他们不知疲倦地向他们的朋友和邻居推荐这家夏令营机构。实际上，最近有 35 个"移居外地"的参营家庭因工作原因从宾州搬到了康州，他们建议 ESF 在那里开辟一个新营地。更有甚者，为了保证新拓展的营地能够成功地经营下去，他们还招募了足够的营员——他们的新英格兰邻居和朋友。（你想想：忠诚的客户当你的"驻地服务代表"和"先遣队"，鼓励、扶持你拓展业务——无偿的！）

这最后一点是最重要的：若想更全面地核算为建立客户忠诚度而维持一定的服务标准（如高素质的员工）所需的净成本有多少，你必须考虑以下各种因素为你节省下来的各项开支和赚得的收入，例如，人们积极地口口相传为你开拓的市场、低人员流动率和客户流动率（此例中为营员）、较低的保险费率以及零诉讼或诉讼率下降等。

你为员工创造条件，让他们接受良好的培训，为他们提供所需的装备，并且善待他们，他们才能为你的公司服务更长的时间，并且少出事故，少发生行为问题。当你雇用和培训对了人——那些深知自己在公司有更高目标的人——你得到的是比一般机构的一般员工更高的生产力。就像第 7 章提到的那个有更高服务目标的保安，他虽然只负责商场巡逻，但也会把迷失方向的顾客引导到他们的目的地。优秀的员工可以——而且也想——出现在客户需要的任何地方。他们可以为你这样做，而且也会这样做。类似地，可靠的设施、高质量的工具和材料、强有力的安全保障以及为员工和客户提供的其他关键支持：有时，是不是很难找到充分的理由来证明它们的必要性？如果你想要回头客——并且员工每天出现，给你最佳的工作表现，你就不难找到理由了。

▷ 画蛇添足

如我们在第 6 章谈到的，对于客户十分看重的一些服务，你不要不管客户愿不愿意，就从节约成本的角度把它们减免。但同时，在与客户打交道和为客户服务时，也有些服务毫无疑问是多此一举。你特别要注意的是不要画蛇添足（lily gilding）。（这个词是从莎士比亚的语言中简化而来的，最初出自他的剧作《约翰王》[*King John*]"在纯金上镀金，给百合花上色"——本已十分完美，还要画蛇添足。）此举就像是把桌子表面用手工抛光得光洁如新——而实际上这张桌子从来都是隐藏在桌布下面的。就好像一部超大的空调压缩机，用在一个很小的地方。

在与客户交往的时候，画蛇添足常常是极力推荐自己的产品和服务，也不管客户是否感兴趣（或是否愿意购买）。这样做既有显性成本又有隐性成本。隐性成本包括性能过多，可能会让客户觉得你的东西过于复杂，对他们反倒没有多大的吸引力，或者会让他们觉得买了不需要的东西。

除去虚饰现真金

有时，去掉虚饰会给你的客户带来意想不到的好处——也会给你带来好处，不仅是账上省一笔。最近有一个打破传统的例子，世界著名的酒杯专业制造商奥地利力多公司（Riedel）意识到杯身是酒杯的核心，杯颈并非必不可少，它只是个装饰，还带来了许多不便。大宗物品零售商塔吉特（Target）看到了力多这一新思路给自己带来的好处：它可以减少零售商的库存成本和存货损耗补偿。于是他们大范围向客户推销这种产品，这是力多自己都无法做到的。在一些顾客试着买回家，发现把这些酒杯放在碗柜和洗碗机里非常合适，几乎很少打破杯子（没有杯颈可折了），他们就开始免费为它宣传。

▷ 价值是相对的

客户常常相对地判断你的价值。也就是说，他每一次与你公司打交道，对你的判断都是和以往的情况做对比。例如，当某个乘客登上飞机头等舱时，他期待着你给他送上他喜欢的饮料。如果你没有这样做，你的服务就有问题。这不是每个航空公司可以自行决定的事，他们不了解客户的期望是根据整个行业标准头等舱该有哪些服务而定的。

为了确保你了解客户的相对期望，去你竞争对手那里买东西——你最佳的竞争对手。（真的买东西。不只是进去逛逛；花点钱，从头到尾做笔交易。你可能会惊讶地发现你从中学到很多东西。）对竞争对手的客户做个调查。再调查你自己的客户，或至少是你市场区隔的客户，了解他们对竞争对手的看法。（这种事只能匿名做，绝对不要在你自己品牌的调查中插入关于竞争对手的问题。否则，你会损害自己的品牌形象，而无形中树立对手的品牌。）

不要被怨恨或狭隘的思想所左右，而对竞争对手的创新不屑一顾。理性地思考一下，对手的创新是否有有价值的地方，你可以利用来为自己的客户服务。

▷ 定价是价值主张的一部分

计算价值有一个很有用的公式：价值＝个人收益减去成本和不便之处。但对于市场上的某些重要部门，个人收益这个变量可以轻易地压过成本因素，至少在某种程度上是这样。并非所有人都把钱看得那么重，明白地讲：如果商业仅仅是定低价的话，那么像诺德斯特龙（Nordstrom）这样的零售商就不会有一席之地；大家都去沃尔玛了。相反，对于诺德斯特龙的客户，质量、私人购物助理，以及优厚的回报政策给他们带来的个人收益，使得价值公式——对于他们而言——变成了宁愿多花点钱，也要得到更多的东西。

因此，在产品和服务的设计上，要多想想你给客户提供的个人收益，以此来换取你索要的价格。事实上，你和客户的关系越近，你就可以越加不用考虑价格因素——除非，高价也是你提供的一项利益。（如果世界著名珠宝品牌蒂芙尼每周末都来一次"疯狂甩卖"，那蒂芙尼的蓝色礼盒还能有同样尊贵的身份吗？对于蒂芙尼，它出名的昂贵价格本身就是它给予购买礼物的客户的一种利益。）

忠诚客户是所有客户中对价格最不敏感的。但是几乎所有的客户都至少会在某种程度上对定价有些敏感。对于想问题比较简单的客户，高价格一般代表着高质量。（霍默·辛普森从不屈尊选择菜单上最便宜的酒；尽管他是品酒行家，他总是选价格第二便宜的酒。）但是价格并不总是等于质量，考虑问题比较多的客户深知此道。例如，好市多（Costco），一家连锁经营折扣店，它的客户多是人均收入比平均水平高得多的顾客，好市多赋予了低价新的含义："我们一直努力为您寻找更多价值。"他们始终如一地坚持这一原则，以至于把它上升到了一个新的高度。最近迈卡去店里时，看到付款台前有打折的邮票。很显然，好市多非常乐意每卷邮票损失五美分（甚至不用和美国邮政协商），以保证留给离店的客户最后一个印象，那就是价值。

▷ 不要向客户收取急救费

定价时有一条检验标准，那就是你的收费要体现出你对客户的关心。因此，首要目标是避免客户觉得自己被人敲诈了——比如，乘人之危索要高价。《纽约客》上有一幅我们很喜欢的卡通，讲的是两个好友从一家餐厅走出来，其中一个看了看账单，转身对另一个说，"你说对了——他们确实对海姆利希急救（Heimlich maneuver）收费了。"他预料到会有这项收费，这个事实也告诉了你他对这家餐厅是什么印象。

不要和客户斤斤计较。我们来看看得克萨斯州的汽车经销商卡尔·席维尔，他有一条很久以前就出名的经验：朋友帮个忙还要收费吗？"如果你不小心把自己锁在车外，你打电话给一个朋友，他跑去帮你拿来钥匙，他会问你收钱吗？"席维尔问。"不会。那么，我们也不会这样做。"[1] 如果你把席维尔的话当耳旁风（酒店的做法是不仅长途电话和瓶装水要收费，而且收费很高），那么在通往建立客户忠诚度的路上，你就会绊跟头。索性走得远一点，不仅不收费，还报之以微笑，你也是在帮自己摆脱困境。

当然，许多公司一开始都把客户当朋友，不和他们斤斤计较。但是随着公司发展壮大，他们转向另一种模式：先用定价公平的基础产品吸引客户，然后暗中在一些必需的功能上加收很多费用，又把客户疏远了。如果你在一定程度上远离这种做法，从长远来看，你就会赢得更多的忠诚客户。比如，做得好的咨询顾问会从客户的角度来看待一个项目。东海岸咨询公司接了一个项目，报价是 120,000 美元——但是绝大部分工作要求在西雅图完成——实际上还要花相当大的一笔钱。如果咨询顾问不把额外的旅费包括在预算内，比如说 30,000 美元，到后来要收这笔费用时客户就会觉你少找了他钱。再好的朋友也会觉得你想诈他一笔。你把水冲到了他们身上，虽然赔上了笑脸——但你还是把水冲到了他们身上。

如果你的定价政策不透明，你也会让你的员工很被动，百口莫辩。你还可能引起客户对你的不满和不信任，使得员工对工作也不再抱有任何幻想。

▷ 钱不是万能的，但钱事关重大

定价是一个重要问题，因为定价就像服务一样，是价值的组成部分。它需要妥善处理：定价必须要恰当地提出来，用语要谨慎，不要让人觉得意外，危及客户对你的信任。只有这样，你才能保持和增长服务的价值，巩固你在服务中建立起来的信任，并且最终维护来之不易的客户忠诚度。

10

在网上建立
客户忠诚度

利用互联网的力量

互联网是我们这个时代的一场革命，不仅在于它可能给客户服务带来巨大的压力。对小企业如此，大公司也概莫能外。正如《连线》(*Wired*)杂志的总编辑克里斯·安德森所说，带宽、内存、处理器已经非常便宜了。[1]

但是，别以为互联网会成为你的铁杆盟友。许多本来很优秀的客户服务企业被互联网坏了声誉，因为它们没有掌控互联网，反倒是互联网操控了它们。那么如何控制互联网的力量，让它为你的客户和企业服务呢？

▷ 互联网是把双刃剑

我们建议重点关注两方面的问题。首先，正确地、积极地利用互联网，这是你的客户所期待的。毕竟，有些客户是"数字原生代"(digital natives)，他们从未见过没有互联网的世界。这些网络达人希望你也能像他们喜欢的那些公司一样，了解互联网的强大优势与风险。其次，利用互联网的优势突出每一位客户的个人特征。如同《星球大战》中卢克·天行者获得的原力和《指环王》中比尔博·巴金斯持有的魔戒一样，互联网具有前所未有的威力，但同时也潜藏着巨大的风险，这么大的力量会把你拖向客户的对立面，做出对抗客户的行为。当互联网把你拖向黑暗面的时候，需要绝地武士一样的企业家用自身的克制力和充分准备去抵抗它。

妥善处理在线公众反馈

信息在互联网上传播的速度甚至可以把一个"最不起眼"的客户马上变成瞬间引发公关危机的地雷——或金矿。这种现象传播的速度和范围，与传统线下模式树立或破坏一个品牌的信誉是完全不同的。在网上，所有的一切都可以发生巨变，对你的公司造成影响——正面的或负面的——而且速度会更快。

互联网的星星之火已成燎原之势，网络鞋店美捷步（Zappos）就深受其益。自从美捷步办了一件不属于公司政策范围内的事情，帮助一位刚刚经历了丧母之痛、一时无法按程序办理退货的女士办理了手续之后，对这家公司的好评就迅速在博客圈中流传开来。

反面的例子也有。西南部有一家酒店在凌晨2点拒绝汤姆·法默和沙恩·艾奇逊入住他们之前已经成功预订的房间，两人对这家酒店非常不满，于是制作了一个既带讽刺意味又很搞笑的幻灯片——发给了自己的几个朋友，朋友又转发给他们的朋友，就这样一传十，十传百地传下去。不到数周，这家酒店的公关形象彻底完蛋。

简单的误会或者与客户的观点有一些合理的分歧，在互联网上可以一下子变得尽人皆知，你必须要采取措施预先想到可能发生的事情。我们建议你的策略要包含以下五个要素：

1. 让人很容易就能找到你。你希望客户直接找你，而不是找他们博客的读者或微博的粉丝。只有你才能真正帮助他们。如果你出手够快，他们的失望就不会在网上火速传播。

2. 像人与人打交道一样，亲自回应公众的投诉。你若亲眼看到一个人的反应是如何转变网上舆论导向的，你会大吃一惊。当维珍航空公司的食品被一名乘客大肆批评，并在网上传得沸沸扬扬之后，理查德·布兰森的反应是请这位乘客一起研究下一步航空公司要推出的菜单。公众的情感又倒向了维珍航空公司这边。

我们建议你本人——或你公司擅长处理这种问题的主管——及时在网上介入，让投诉者知道你们很关心，并正在关注这件事，而且愿意澄清事实和提供帮助。（为你的公司和产品安装一个谷歌快讯［Google Alert］，包括可能出现的任何拼写错误，这样一有帖子出现，你就能及时收到通知。）如果你能说服他这样做是不公平的，投诉者可能会去修改原先的帖子——动作够快的话，原先的帖子可能还没来得及被索引。如若不然，我们仍然建议你加入讨论。如果可以在该站点发表意见，就作出深刻的检讨和解释。整个过程你都要像一个真实存在的人一样——一个非常、非常好的人——多数参与讨论的人也会这样看待你。

3. 控制好由谁来代表公司回应——谁不做回应。当互联网上出现公关危机时，你要处于锁定状态，这样"指定的司机"才能去处理。第一个发现危机的员工要提醒这名指定的司机，其他任何人都不要轻举妄动，除非接到指示；以免出现未授权的、可能激化情绪或自相矛盾的回应。

4. 当心不要"聪明"反被聪明误——最终可能不会如你所愿。有一个专门的网络用语用来形容网上假扮聪明的现象，比如装成其他人来挑起相互间的攻击：钓鱼（trolling）。要避免被贴上钓鱼者的标签。

5. 运用"布道者"——但是要小心。如果你拥有忠诚的客户，那么你至少会有几个宝贵的"布道者"：愿意支持你并传播口碑的人。如果你觉得可以利用他们，你可以请求他们在网上支持你一把，在适当的地方插上几句"我很抱歉你遇到这种事；我以前从没碰到过。也许是场误会。"这样的话不需要很多，而且再次强调，这些必须是真正愿意在网上公开身份的客户留下的真实、可信的帖子——而不是员工扮成客户的身份在网上留的帖子。（请见上文提到的钓鱼者。）

▷ 布道者的丰厚回报

去年有一个播放时间很短的电视真人秀节目，著名的英国餐饮业老板马可·皮埃尔·怀特哄骗他的弟子们去一门心思讨好一个神秘的"食品评论员"——然后又因为他们这样做了而责备他们。事实上，这家餐厅没有一个评论员。大厨怀特那天晚上给每个顾客一份查氏餐厅评级卡让他们填。对此，我们是怎么看的呢？他通过这种方式让弟子们做好准备，迎接互联网时代的到来。甚至仅仅几年前，人们如果想引起他人的注意，可能还是会把最大的希望寄托在名人身上，如《纽约时报》的评论员、《今日秀》的记者，或脱口秀节目的主持人等，通过他们才能引起别人的关注。现如今，在大多数市场里，要想成功就要努力讨好每一位评论员——也就是说，每一位客户——而不是某个名人。而且要趁网上的舆论之风还没有转向对你不利的方向时就去做。

另一方面，培养一些你公司的"布道者"向来都很重要：最近，在迈卡的绿洲唱片公司所在娱乐产业部门的一个大网上论坛上，"（你的文章）伤害了作曲家和演奏家"这一话题引发了一场争论。[2] 究竟造成了什么"伤害"呢？这篇文章竟敢正面提及绿洲公司的一个竞争对手——而忽略了在文章中提一下绿洲公司。这种不请自来的主动宣传，每个公司求之不得，所以迈卡回头看看自己是如何培养出这样的"布道者"的。原因何在呢？原来绿洲唱片公司的一位经验丰富的女推销员主动担负起耐心回复这位先生提出的每一个问题的责任，几个星期以来，来来回回写了不下20 封信，最终给公司带来了无法估算的回报。

▷ 互联网时代的个性化服务

要利用互联网强大的传播能力，但是要把握与个性化服务之间的平衡。举个简单的例子，网上的常见问题解答（Frequently Asked Questions, FAQs），其标准的结语都是问一句："这解答了您的问题吗？"对于大部分提问，这种方法是管用的：只需一个答复就解决了许多客户的问题，省得他们排队等候，而且你还问了每一个人你的答案是否有效，以便日后进一步完善。

如果你的回答没能解决所有人的问题，会怎么样呢？没什么——如果你多走一步，把你网站上的这个功能个性化就行了。你需要一种方法，能够帮你找出这些失望的客户，他们对你最后提出的问题回答了"不"，你要主动找到他们。（记住，回答"不"意味着他们的问题你没有解答，所以应该理解为"唉，没有——快来帮忙！"）这样你就可以用迅速、有效、个性化的方式找到他们以表明，"我们很在意这没有解决您的问题！"

要想建立忠诚度，就要在网络服务的每个功能上都加入这种个性化服务。

▷ 长篇介绍／短篇介绍

有一种方法可以在网络上体现对客户的个性化服务，那就是让客户自己选择浏览"长篇介绍"（详尽地列出所有迷人的／吸引人的特性）还是"短篇介绍"（简短，像广告一样的摘要）。因为你无法知道某个特定客户想看哪种类型的介绍，所以就两种都提供给他们，由他们去选。

关于这个话题，这里引用马克·佩恩（杰出的民意调查专家，以发现"足球妈妈"这一人口统计趋势而闻名）的一段话：

> 有一种传统看法，认为美国人不能集中注意力，对一些冗长的描述太容易分心，所以竞选办公室总是为候选人准备最简短的结束语。在接受这种普遍的看法之前你要当心。事实上，我们当中有相当一部分人——常常是最有兴趣的关键决策者——你讲得再长他也会听，写得再多他也会看，只要你愿意解释，他可以一直听下去。[3]

就像佩恩一样，你可能已经注意到了你的客户有不同的阅读风格和专注力。有了互联网的无所不能，你再也不用对所有的客户都采用单一的写作方式，或推测他们只有一种阅读风格。你可以让不同的客户选择适合他们自己的方式。当然，"短篇介绍"要放在前面：简短的产品或服务说明以及定价。许多客户需要了解的可能也就这些，他们不会在任何细枝末节上耽误工夫。其他客户可以点击"了解更多"，获得几大段的详细内容。但是并不一定到此就为止了：为何不包括你给客户或想深入研究你的产品和服务的潜在客户准备"白皮书"或其他背景材料呢？如果是设计合理的网站，这些附加资源不会让你的整体布局变得多么杂乱无章。

▷ 网络，方寸之地，尽显不凡

对于没有优良服务传统的公司，有了互联网，就可以相对容易地提供至少能让人接受的服务——通过购买或建立可以高效利用的网络界面，并定期进行检验。这对消费者来说是好事，但却让我们很为难：如果这种尚可接受的自助服务哪个网站上都有，那我们跟别人还有什么区别呢？

在很大程度上，要靠增加相应的技术含量，提供直接的、有利于建立忠诚度的服务和关注。

"完美"网站的最后一步

正如我们在第 6 章提到的，在线影片租赁网站 Netflix 最为骄傲的就是它那设计得非常出色的在线自助服务系统，使"完美购物"——准确地说是租赁——成为可能，在一般情况下无须任何人员互动。但是，在竞争激烈的市场上，我们周围充满了完美无瑕的产品，只提供完美的在线体验已经不够了。为了建立客户忠诚度，你必须要有与众不同的人与人之间的接触点，以备客户随时有这方面的需求。

为了做到这一点，不久前 Netflix 决定逆势而上，顶住减少服务成本的趋势：它们的确为自己定下目标，在客户想找人工服务的任何时间段，它们会提供比竞争对手多得多的人与人接触。它们还彻底取消了在线客服，取而代之的是在网站的显著位置亮出它们的 800 服务热线，而且拒绝把任何这类电话服务业务外包给海外承包商。此外，它们还在俄勒冈州的大波特兰地区建了一个新的大规模电话客户服务中心。并把波特兰作为一个专门试点，招聘人员时更注重考察人的性格特点。接触了目前在那里工作的员工后，Netflix 的高管们已经发现相当多的员工具备从事客服工作所需的优秀特质，如"彬彬有礼、善解人意"。[4]

要寻找自动化的、由人来主导的方式为最需要的网上客户提供个性化的服务：

1. 在每个关键位置都要鼓励可能需要人工服务的客户选择人工互动服务——不管你的网站多么"完善"，没有这些功能也不受影响。在每一页都设置在线服务按钮。把你的免费客服电话置于显著位置,你能安排员工值班到多晚就开通到多晚。提供一个"紧急邮件"按钮。(正如我们所提到的,有些人更喜欢用电子邮件沟通,或者对残疾人士来讲,电子邮件常常是最佳选择。)

2. 设计网站的各项功能时要考虑周到,这样就不会把任何人排除在外。身有残疾的客户,从轻微不便到严重残疾者,他们在网上和在现实生活中一样,都不能积极参与其中。要使你的网站能够广泛地被这些客户所使用,你一定要遵循几个特殊的方法。比如,网站上每张漂亮的图片都应该有"alt"标签(类似于文字说明),可以通过文本阅读器来阅读,这样你就可以为视力受损的客户服务。范围更广一点,上了年纪的客户也开始迅速适应网络生活,但仍有很多网站看上去依然只是为 20 来岁的年轻人设计的,按钮很小,布局也令人眼花缭乱。如果你想让人点击某个地方,就把它弄得明显一点。这就是要跟客户的"步调"一致的网络版。

3. 让网站上的自助服务功能更好玩、更有趣。自助服务也可以很吸引人。想想喜剧大师迪米特利·马丁的点子,把兑换硬币的机器设计成老虎机的样子,铃一响、灯一闪,就好像你赢了一大笔钱似的——尽管你换回的钱一分不多,投进去多少还是多少。可以把这种设想融入你的设计,这样你就再也不会认为这对你的客户来讲又是一次乏味的体验。

4. 你使用的任何自动通信功能，都可以设计得更吸引人、更个性化，如果合适的话，可以更有趣。如果你使用自动邮件查收功能，试着用一种令人轻松愉快的方法，也许就像迈卡在最初几年人手不够的情况下采用的语音服务功能：

您好！这里是机器人自动查询服务（很抱歉，但是绿洲唱片公司的其他任何服务几乎 100% 都是人工的，所以如果您点"回复"，马上会有真人和您通话，这样您就可以连线自己的同类。）……

CD Baby 唱片发行公司是绿洲的姊妹公司，它们甚至连最小的机会也不放过，尽一切可能展示自己人性化的一面。它们把通知客户唱片已寄出的确认发货邮件变成了一出亲切的、像模像样的喜剧。这封非常搞怪的邮件让买家意识到这家公司的与众不同——它的员工是一群以创新为首要任务、充满快乐的人：

您的唱片已经被小心翼翼地、用消过毒无污染的手套从我们公司的货架上取下来，放到一个缎面枕头上。由 50 名员工组成的团队检查了您的唱片，将它擦拭一新，保证它在寄出前处于最佳状态。我们的日本包装设计师点燃了一根蜡烛，当他亲手把您的唱片放进您所能买到的最精致的、镶着金边的盒子里时，全场一片寂静。随后，我们热烈庆祝，全班人马沿着街道行进，来到邮局，整个波特兰镇的居民都挥手向承载着您的唱片的包装盒致意"一路平安！"，今天是4月6日，星期一，它将乘坐我们公司的私人专机飞抵您的身边。[5]

"我在工作上不会匆匆忙忙，"《瓦尔登湖》的作者梭罗说，"而是把它做到最好。"[6] 在梭罗看来，匆忙似乎是个明显带有负面意义的词。但是在我们看来呢？从某种意义上讲，我们的客户希望我们快一点：希望我们为他们带来最大的效益，而他们只需花最短的时间、投入最少的精力。与此同时，我们也在努力地把客户与我们的品牌紧密地联系在一起——主要是通过充分利用每一次与他们接触的机会。为了加强这种联系，我们要在他们身上花大把的时间和精力。为了达到这些目的，试着像 CD Baby 一样发个简单的发货提醒：精心设计每一个网上操作步骤，尽你所能，将人工互动的积极作用发挥到极致——同时不要耽误客户的时间，或给他们带来不便。

在线服务，黄金准则是许可

十年来，赛斯·高汀一直关注"许可式营销"的理念，他把它定义为将预想到的、个性化的、相关的信息提供给真正想获得这些信息的人的一种特权。赛斯强调尊重他人是赢得他们的关注的最佳途径。以他的观点来看，当人们主动选择去关注的时候，他们实际上是回报你——给你一些有价值的东西。一旦他们把某种注意力花在你身上，他们将永远地失去这部分注意力。所以，赛斯强调我们必须把客户的关注当成一种重要的资产——是值得我们尊重和珍视的一种东西，是不可以浪费的。有意义的许可不同于技术上或法律上的许可：

> 仅仅因为你用某种方式获得了我的电子邮箱地址，并不意味着你得到了我的许可。仅仅因为我没有抱怨并不意味着你得到了我的许可。仅仅因为你们的保密政策里承诺了这一条，也并不意味着是一种许可。真正的许可是这样的：如果你停止（联系他们），他们会抱怨，他们会问你去哪了？ [7]

乔纳森·库顿，一个在网上发行唱片的独立音乐人，几乎可以做到给任何一个在网上购买他的唱片或下载 MP3 歌曲的客户发邮件，而且让客户很高兴收到他的邮件。库顿是真正得到了众多粉丝的"许可"才联系他们的——他们想收到他的来信。但是如果你的公司通过亚马逊向客户兜售一个手机备用充电器会怎么样呢？那八成会惹恼他：很可能你的客户并不热衷于购买手机充电器。几乎可以确定你没有得到他们的真正许可就往他们的收件箱里发去了大量信息。你的信息不可能是有预见性的、个性化的或相关的。

▷ 在小规模上力求完美

在电子商务界，有亚马逊，然后才是其他的网站。

亚马逊赢得忠诚客户的超凡能力令人称奇又让人嫉妒——但对于其他从事商业的人来讲，它不是一个可以直接复制的模式。亚马逊的成功至少在某种程度上是基于它采取了比我们的预期服务模式更具冒险性、费用更高的建立忠诚度的方法：令人难以置信的严格执行的重复策略。把令人满意的服务的基本步骤做到完全正确，然后不断地让客户重复体验，直到有了忠诚度。亚马逊的重复策略来势迅猛，因为它用完美的产品彻底消除了与客户间的摩擦，这点其他任何人都做不到。

下面仅举几例以说明亚马逊的无摩擦服务：

- 你的信用卡信息被全部储存起来，以方便你使用。（事实上，如果你想注册一张新卡，亚马逊甚至不用你把卡面翻过来找到安全密码进行输入。）除此之外，你可以选择"一键下单"购物，整个购物过程无须再次输入、再次选择或再次考虑任何信息：付款方式、送货地址、账单邮寄地址、送货方式。

总之，从你脑子里想到要购买到瞬间完成操作之间，有关付费的问题几乎没有任何的干扰。

- 你的订单被立刻传给发货商，通常是肯塔基州列克星敦市的 UPS 快递公司（联合包裹服务公司）。这使你能够即使晚上才订货——在紧要关头——几乎百分之百就能在第二天早晨收到货。

- 亚马逊可以指引你找到恰恰适合你的产品，这得归功于它使用了建立在数百万客户基础上的空前强大的客户评级系统。

亚马逊独一无二地同时具备了几大特征：全球首家、规模庞大、资金雄厚，这对于我们大多数人来讲，都不是很现实的目标。例如，亚马逊的包裹能够以比竞争者的产品更迅速、更便宜的方式运送给客户，因为几大运输公司为了得到亚马逊非比寻常的大批量货运合同，可以接受它开出的几乎任何条件。而且，亚马逊几近垄断的地位使它能够任由客户在网上发表批评商家产品的言论，丝毫不必担心失去任何好的商家（对于好的商家而言，留在亚马逊会带来更大的利润，接受客户对少数几个产品的批评也心甘情愿）。为了让客户体验一次无摩擦的付款和划账，亚马逊花了不知多少钱，开发了功能超强、通常属于公司专利的、一直以来严格执行的安全策略（他们的首席技术官暗示亚马逊在内部使用了"一群以攻击他们的系统为生活目标的黑客"，[8] 以证明其系统的防范能力）。正是通过重金聘请世界顶级的程序员和安全专家来设计程序，亚马逊才能提供无摩擦的网上服务和绝对安全的账户。

亚马逊还具备了足够强大的功能和足够完善的系统，因而可以淡化日常工作中强调的人与人之间的客户服务。危机情况下，你或许能在亚马逊找到一名出色的员工（我们绝对找到过），但也可能碰到某个员工对你一点不客气，他缺乏与人沟通的技巧，只是在你受挫或被惹恼时发一封信做做表面文章（我们也碰到过，而且不止一次）。如果你在世界上具有几近垄断的地位，可以提供最完美的产品，你可以暂不理会，或很长时间不用去理会人与人之间的沟通。但是所有其他人——我们这些其他人——却要努力地、始终如一地提供人性化的优质服务。

一方面，从卓越的商家那里总是能学到一些东西（包括如何打造真正"完美的产品"，如何达到和不断提高自助服务的高标准），但总体上看，亚马逊的经营模式对于我们大多数人而言不是一种最现实的模式。在大多数行业，想要达到亚马逊这么广的经营范围或无摩擦的网上服务是不现实的。（或达到这样的规模：我们敢打赌你还做不到每分钟售出和运送一部著名的任天堂 Wiis 游戏机。）[9]

所以我们希望你能另辟一条不同于亚马逊的道路来在网上建立客户忠诚度。在小规模上力求完美——在每一次人与人的接触中都充满无微不至的关心。

▷ 第一次开展网上业务

假设你有一家实体企业，你想通过互联网开展业务，这对于你来说是第一次。你应该怎样一步一步去做呢？我们发现对于每一位想通过互联网开展业务的客户，根据每家企业的情况进行单独设计会更有帮助。但是许多应用原则是具有普遍性的。为了更形象地说明，让我们设想有一家地毯清洁公司，以前从未尝试过互联网。

首先，为什么要走向互联网？因为许多房主现在喜欢在网上探讨类似地毯清洁一类的话题。（需要多长时间清洁一次？收费过高和上当受骗有多么普遍？清洁地毯要花多少钱？）所以，在查询电话号码本之前，他们会先上网搜索"地毯清洁"之类的信息。

你想靠硬性推销来拉生意已经行不通了，而是要靠提供可靠的、免费的信息。想想看：作为一个做这行很多年的行家，你已经对有关地毯清洁的一切非常了解了。你的意见非常有价值。为什么不在网上提供免费的专家建议，供客户查询呢？你提供了这些信息，就可以换来收益——客户是偶然间发现你的，甚至在他们还没想到要搜索你的建议之前就碰巧遇到了你。

在网上提供信息有很多方法（视频，博客，在商业网站只提供信息的区域穿插你的服务与产品的链接，等等）。在网上提供免费信息供人们浏览是件很好的事，这会放大人们对你的信赖。它对潜在的客户很有吸引力，因为提供专家建议可以使你成为一个专家——他们心目中的专家。它可以把潜在的客户带到你网络上的公司门口。

只是要小心，不要把这些同样的专家建议用来为你自己的产品打广告。消费者们常常喜欢有种感觉，收集信息归收集信息、选择服务归选择服务。（也不要犯相反的错误，让人弄不清楚你是不是在房主寻找的时候提供服务。把信息和其他内容分开就好。）

那么，你公司自己的商业网站应该是什么样的呢？总体来讲，你的网站应该包含友好的引导信息，重点突出你们在方法、技术和人员方面有哪些优势——只要是对潜在客户来讲比较重要的内容。按照长篇／短篇的模式来设计方案：把简短的内容放在前面，如果客户想要了解更多，可以查看其他内容。

下一步，利用计算机建模的强大功能，方便浏览者实际估算购买你的服务所需的成本。他们可以输入基本的数据（X 间房、X 级台阶、带门厅或不带门厅），然后立刻就能得出清晰、详尽的报告。

要使你的网站给人友好的感觉，应该让客户不用输入密码、所在地理位置或其他个人信息就能使用这些功能。一旦客户习惯了登陆你的网站，而且使用得很满意，那时你就有机会提出给客户设置密码保护、对他们的资料进行储存和登记的请求。给他们一个自己去认可你的公司的机会。

预置软件"解决方案"

如果你购买了你所在行业内专业软件公司预先配置的功能强大的网络技术，通过将某些刁难客户的功能关闭，你可以实现最佳的服务效果，例如在客户初次登陆你的网站，你们只是"打个照面问候一声"时，即要求客户输入密码和登录，或其他类似阻碍潜在客户的绊脚石。

若客户希望被联系，让他选择自己方便联系的时间，然后通过网页表单提交。定期监控这个表单的处理流程（一定要保证你的监控措施遵循我们建议的最安全可靠的方法［第3章］——例如，亲自查看），确保表单送到了安排日程的部门。

现在，终于到了第一个与人接触的时刻。你开始建立客户忠诚度的机会来了。按约定好的时间给客户打电话。让最和蔼、最训练有素的员工来打这个电话：这个人要很敏感，能够觉察到接电话的人可能一时想不起来曾经跟你有过这个"约定"，毕竟我们大家都很忙。你需要一个懂得电话沟通技巧的人，他能够敏感地觉察到客户的反感，任何商业来电，即使是之前他要求你打过来的电话，当你打到他家里时，也可能引起他的反感。她打给客户的电话应该听起来像这样："早上好。我是法兹地毯清洁公司的玛丽。我接到今天早上打这通电话的请求，找辛克莱尔女士。请问她在吗？"

下一个跟人接触的机会是你公司的技术员来到辛克莱尔家的时候。还是让那个最和蔼的员工打电话确认跟客户约定的时间：

> 您好，辛克莱尔女士。早上好。还是我，法兹地毯清洁公司的玛丽。这只是礼节性的问候。我想和您再次确认一下我们的技术员将在 5：00 至 7：00 之间到您家里。

想想看，这种来自互联网的体验是多么新鲜的感觉。在没有被冒犯、没有任何不方便的情况下，客户就找到了她所需要的信息：特定的、个性化的、适合她要求的信息。她已经自行决定要公开多少个人信息。她已经利用互联网的日程安排，叫一家公司按照她的时间表来安排工作——而不是服从他们的时间。当约定的时间一到，一个热情的、非常懂得电话沟通技巧的员工，彬彬有礼地使他们之间的交流更加人性化。

假设你公司的技术员准时到达客户家中，活也干得很漂亮。你们的收费也合理，交易很顺利，技术员完成工作后非常周到地向客户道谢并告辞。此时，你已经成功地向前迈进了一大步，为你的公司赢得一个强大的盟友——她将成为你的一个忠诚客户，还会跟你合作，而且还会把你介绍给她的朋友们。通过掌握互联网的强大功能，你做到了这一点，把她带到了你身边——而且通过讲究技巧、细心周到的人与人之间的接触把她留在了你身边。

问候与道别

与客户打交道的两个关键时刻

在整本书中，我们都扮演了严师的角色，敦促你把每件事做好，从来不放松对你的要求。我们反复强调了每日每夜都要对客户格外用心的价值。但是在某个方面，客户服务也有捷径可循。在第3章，我们曾提到要抓住与客户打交道的几个关键情感时刻，才能保证你的努力不会白费——给他们留下最生动的记忆。在第4章，我们也谈到了其中一个关键情感时刻，即服务的补救。现在我们来重点关注另外两个时刻：您好（问候）和再见（道别）。

问候和道别是起点和终点，它们位于被记忆研究学者称之为系列位置曲线（serial position curve）的两个最高点。在列出的所有事项或事件中，这两项是最容易被记住的。如果你想亲自证明一下，可以按照记忆研究学者伊丽莎白·洛夫特斯的方法，给你的朋友列一张要记住的事项清单——比方说，火鸡、盐、胡椒、番茄、南瓜、奶酪、牛奶、牛排、辣椒粉、黄油。很可能第一项和最后一项（火鸡和黄油）是最容易被记住的。[1]

问候和道别也一样。如果处理得巧妙，你就会从客户对你"执意"的看法中获得比投入多得多的收益。

▷ **永久的时效性**

几千年来，问候和第一印象对于人类关系来讲一直非常重要。古希腊时期，俄底修斯的儿子忒勒马科斯就知道第一印象很重要："他瞥了雅典娜一眼，径直向门廊走去，尽量克制着自己，因为有个客人可能还站在门口，"荷马写道。[2]

让时光向前跨越几千年，带我们来到缅因州的巴港，这个风景秀丽、如同明信片一般完美的地方，克里斯·坎布里奇在这里开了一家贝雕工艺品店，这个小礼品店的隔壁就是一家非常受欢迎的冰激凌店。克里斯懂得一声"您好"的重要性和古希腊的典故：顾客在其他店里看到的大多是"禁止带食物或饮料入内"的告示牌，充其量也只是"进入本店之前，请先享用完您的食物或饮料"，克里斯反其道而行之。想想克里斯这种一反常态的做法为他赢得了多少顾客，他大胆地贴出这样的声明：

是的！您可以把您的冰激凌甜筒带进本店
——只是小心别滴在地上。

为了确保你知道他的小店随时欢迎你的到来，克里斯还用小一点的字号加了一句：

另外，我们也喜欢您的狗！

在许多公司，负责迎送来宾的是前台的服务员、东道主或其他接待人员。所以，在这个岗位上工作的人要善于表达，能表现出热情的欢迎和亲切而真诚的道别，这点很重要。这两个重要时刻如何去做，是树立品牌的关键。为什么迎来送往的接待工作最好由一个有技巧、受过训练、有上进心、经验丰富且具备从事客服工作的特质的人来做，原因就在这里。 这也是为什么我们不建议你把接待岗位当作初入行的跳板——因为，不管你怎么叫，"留下第一印象和最后印象的人"是你公司里最重要的职位。

你提供何种水平的服务？

问候最先要做的一件事就是让客户知道他们可以在你这里享受到什么水平的服务。他们将得到不应承式服务，应承式（被动式）服务，还是预期式服务？

不应承式服务（"您能给我倒点水吗？""哦，顺着这条街走下去，有一台饮水机。"）每次都会把客户推到一边。他们要杯水，可是什么也没得到——除了勉强为其指个方向。（实际上，不应承式服务是一种很差劲的服务，所以我们尊重读者的意见，不会在这方面多做叙述。）

应承式服务（"我可以要点水吗？""当然可以，拿去吧！"）是现代商业最起码的要求。它不会让顾客感到不悦，但也不会赢得他们对你的青睐。应承式服务可以做得很好，但是不会为你的品牌赢得忠诚的客户。

预期式服务（"欢迎。今天可真热。我给您倒杯水好吗？"）很少见。但是正如我们讨论过的，客户的忠诚度就是这样建立起来的。当你预先想到客户的愿望时，他们就会有种奇妙的感觉，觉得自己受到细心的照顾。正是这种感觉带来了忠诚度，为你的公司创造了具有战略意义的价值。

所以，如果你能搭把手帮他们打开正门，他们就知道在你这里可以享受到何等卓越的服务——如果你确实能够"一声问候就赢得他们的芳心"——那么你就能让他们在还未接触你之前就对接下来的服务体验充满好感。

对客户适当而热情地问候，客户会对以后接触过程中发生的小问题不那么在意。热情友好的问候会增进后面的人员互动并能够——极大地——影响客户对你所提供的实质性产品的看法。

适当的问候最重要的一个方面是赏识。什么是赏识？无论从字面上还是喻义上，都表示被看到：被承认、被欢迎和被赞赏。所谓赏识，再次引用丹尼·迈耶的话，就是"客户想再次光顾的首要原因"。[3]

当顾客再次来访时，应该予以特别的赏识：客户被人想念，他的再次光临填补了他不在时的空白。贝丝·克里克是我们非常钦佩的宾夕法尼亚州一所小学的校长，每天早晨她都会在学生们走下校车时问候孩子们和他们的家长。所以，当某个孩子或某位家长一连几天都没有出现时，克里克女士一定会发现，当他们再次返校时，她会由衷地说一句："我们很想你。"如果任何一家公司，不论大小，不论何种行业，都能努力做到给每一位回头客这种简单的赏识，该会是何等标准的服务啊。

客户与你的接触比你料想的要早

谨记，客户跟你一接触，服务就开始了——但是第一刻从什么时候开始，只有客户说了算，也许比你想的或希望的要早。例如，假设有一个客户将车停在了零售商的停车场，他首先看到的是停车场断了链子的围栏、地上到处都是烟头。此时，客户的第一印象就已经产生了，可零售商还一无所知，根本不知道现在要努力消除这种负面印象。对于零售商来讲，这是不公平的（零售商可能并不负责管理停车场），但事实确实如此。这就是为什么每个管理得很精细的度假酒店都非常注意客户到达时的一系列礼仪：鲜花、招牌、门口热情友好的保安人员、门童。等你到了自己的房间，你会感觉不知不觉被带入了另一个世界。

▷ **不要在电话上匆忙问候和道别**

恰当的电话接听顺序应该是感谢来电、说明自己的身份、真诚地提供帮助。结束通话时要跟客户个性化地道别，热情地邀请客户再次光临。在许多公司，接电话的开头可以很简短，但依然让人觉得很温馨："感谢您致电 L&M Stagers! 我是比尔。我能为您做点什么吗？"（而不是："L&M Stagers！我是比尔。"）结束通话时也可以是很简单的一句："感谢您的来电，彼得森太太。希望您的项目一切顺利，下次您进城时还会想起我们。"

人们很容易认为妥善地处理好问候和道别的问题要花很长时间。但实际上，每个电话只要多花 6 秒钟就足以将接听和结束通话做得很到位。如果你一天接 30 个电话，那么每天投入 3 分钟时间就能提供卓越的服务，给客户留下深刻的印象——8 小时工作日，每天只需 3 分钟！所以不要以电话多为借口，马马虎虎对待问候与道别。

▷ **为身有残疾的客户服务，从你在门口迎接他们的那一刻起就是你的责任和机会**

你公司的入口处——视觉上的"问候"——就是展示你对残疾客户的态度的位置。我们理解，有些公司多年来不曾有过一个坐轮椅的客户，把进门的小坡道清理干净、保持通畅看起来好像……没人享用这种服务。但是我们不这样认为。相反，我们认为这种看得见的对残疾客户的邀请和欢迎，不仅向他们本人，而且也向他们的家人、朋友和无数关心他们的人都传递了一个明确的信息。那就是你为他们清除了挡在门口的障碍，在这个问题上你站在了正确的一边。

你知道吗？大多数行动不便的客户是不用轮椅或代步车的。重要的一点是，你作为一个商业领袖要了解所有不同程度的身体残疾，并且知道要用哪些兼顾成本效益的方法，让你的工作场所更便于他们出入。许多人只是行动稍有不便，你只要稍微花点时间、用点心思就能想出如何给他们带来便利。比如，在我们这个日益老龄化的社会，最常见的残疾就是关节炎及其相关（经常会很疼痛）的肌肉骨骼疾病。正因为这样，最好在所有入口、卫生间和其他可能出入的地方一律使用"普遍适应"的门把手来代替球形门把手。也正是因为这个重要的原因，要安装轻一点的、可以自动关闭的门。不妨读一些有关这方面的书。直接或间接地，可能已经花去几千元了——或者说应该花——使你公司的"架构"更适合残疾客户使用；你对这方面的研究可以确保你的投资用得恰到好处。

视觉和听觉障碍也很常见。无论你是亲自还是在网上与这类客户以及他们身边的群体打招呼，一定要带给他们一种非常积极的"问候"。

网络有一种巨大的潜力，可以让失去视觉和听觉的客户和正常人一样享受平等的待遇。首先，一定不能有下面的做法，关上虚拟的门户，把他们拒之门外。

- 验证码。为了要求一定是真正的人在看屏幕，而把字母和/或数字显示成图像而不是文本文件。通过区分是人类还是自动程序在执行录入操作，验证码对成功地防止自动化黑客工具的攻击很有帮助。问题是：有视觉障碍、依靠屏幕文本阅读器的人也无法识别验证码，这使得几十年来所取得的让这部分人也能接触网络的进步功亏一篑。如果你没有使用验证码的合法需要，就别使用。如果一定要用，就找一个有智能听力识别功能的验证码程序来代替。

- 图片没有可读的alt标签。我们曾经提到过，alt（替代）标签，是用来描述或替代图片的说明性文字，可以通过文本阅读器阅读。可以把它看成是标题。一定要让你的网络团队像你校对网站内容一样认真地检查图片说明是否完整、准确，比方说，是否有打不开的链接。

- 除了电话，没有其他途径可以获得服务。如果某个有听觉障碍的客户想联系你退还某件产品，是否可以发电子邮件呢？如果你公司的政策是只能通过电话联系（因为你想再次出售或出于其他的原因），那么你最好配有功能齐全的文字电话/

听障专用配件，以方便有特殊需求的客户使用。但我们建议你还是要建立电子邮件沟通的渠道。

当然，入口处的障碍在许多出入口以外的地方都会存在。对于坐轮椅的人来说，你那里只有一条狭窄的走廊，也没有明显的标志可以从其他通道绕行，这种第一印象就会把整件事情搞砸。以下列举了一些我们见到过的人为设置的障碍，明显是在说"我不在乎你！"

- 一家有名的水疗馆总是把一些花饰摆放在（妨碍人使用）洗手间的安全扶手上
- 一家经过豪华改装的咖啡馆——在通往卫生间的拐弯处——一台果汁冷却机占了很大空间，轮椅无法通过
- 熙熙攘攘的国家公园服务部的礼品店里，入口坡道的栏杆上摆满了商品
- 办公大楼的电梯，钥匙卡插槽在电梯按钮上方很高的位置
- 许多公司把车辆和垃圾装卸车停在紧挨残疾人通道的、用交叉线画出的禁停区域，很明显他们没有意识到这个区域是为了方便残疾人搬上搬下轮椅和代步车

除了考虑产品的有形方面以外，更重要的是考虑你的员工与他们所帮助的身体有残疾的客户打交道的方式。我们经常见到的情景是服务人员高高地站在坐轮椅的客人旁边或是用手抓住有视觉障碍的客人的胳膊，试图把她带到某个地方（而不是把胳膊伸

给客人抓住）。关于如何恰当地为残疾客户服务，市场上有很多不错的培训项目，值得你去投资学习。

▷ 把你的接待人员变成捕猎者

在培训员工时想点笨办法也是可以的：夸张的言辞最能给人留下深刻的印象。比如说，莱昂纳多在解释接待人员的工作时，极其形象、夸张地用了下面这个比喻：

一只猫在四处徘徊，踱来踱去，窥伺和等待着猎物的出现。一旦有东西进入它的狩猎范围，这只猫马上高度警觉，密切注视着周围的动静：我要去抓它吗？为客户服务，就要像这只猫一样思考和行动。当猎物进入你的视野时，你要像这只猫一样高度警惕。一门心思去想：这个时候要去提供服务吗？

你的狩猎区就是前台：从正门一直到电梯等候区。在这个区域，任何顾客都应该逃不过你的眼睛，你随时准备着"猎取"他们。你有过多少次这样的亲身经历？走进大楼，前台服务员在柜台后面自顾自做事，你不得不走到柜台前才能引起她的注意。那个前台服务人员没有像一个顶级猎手一样随时等待着猎物的出现。

如果她是一个顶级猎手，每当有人从她的狩猎范围内经过时，她会本能地立刻扫视一下这个区域，弄清楚是什么从她眼前闪过。如果时机正确，她会主动出击，看看有什么东西可以捕获——我的意思是，有人需要帮助！

有点搞笑，是吧？但整个培训过程会变得生动有趣，给前台服务员的日常工作带来不少乐趣，他们的脑海里会浮现出一幅生动的画面，自己像捕猎者一样，把每个经过前台区域的客户都当成可能的猎物。

▷ **是谷歌——而不是你——决定访问者从哪里登入你的网站。无论如何要给予他们恰当的问候**

这里有一个网上遇到的难题："问候"很重要——但你无法决定访问者首先从哪个网页登录你的网站。谷歌决定让大部分访问者从哪里登陆。当然，按照墨菲法则，他们一定会从你网站上某个神秘的、专业性很强的、很隐蔽的角落登陆——肯定不是你全力以赴推出的那个网页！

让我们用以下三条策略来智胜墨菲法则：

1. 预先想到"迷失方向"的访问者会（通过谷歌、嵌入维基百科的链接等）进入你的网站上少有人知的内部网页，所以你要让每个页面都显得非常友好。包括：

- 公司所有者的名字（常常是一张照片再加上几句欢迎词）

- 在线交谈链接

- "初次来访？"导览按钮

- "现在就联系我"按钮

2. 为减少从错误的地方进入主页，可以考虑提供激励。可以采取多种方法劝导人们从正门进入。你可以利用谷歌的关键字广告和其他按点击付费的网络广告模式，比如在你的潜在客户最喜欢的网站上打出横幅广告。在很多情况下，这种网络广告模式——把你的诱饵小心地放在你的目标客户常去游泳的水域——是对过去那种低效率"广撒网求运气"式通过电视、广播、印发传单的广告模式的一大改进。

这种有的放矢的网络广告有一个特点，就是你能够控制潜在的新客户从哪里进入你的网站。点击这类广告的人可以被引入一个界面友好、布局整洁的页面，在这里，你提供的都是初次见面最重要的信息。你甚至可以征得他们的允许向他们推介一些产品——实际上，是开始和他们对话，了解他们的需求并介绍你的服务。当然，尽可能向他们询问最少量的信息。如果你可以通过电子邮件获取一些最初的信息，那就让他们留个姓名和电子邮箱好了。一如往常，他们可以轻易退出网站。如果他们想定期浏览你的网站，你要清楚说明如何去做。如果他们想和你聊天或发邮件给你，也要把这些相关链接放在这个页面上。

3. 对于直接进入主页的访问者，你提供给新来访者（未被识别）和回头客的信息要有所不同——就像在现实生活中一样。对于回头客，欢迎他们再次光顾，邀请他们看一些个性化的产品。对于新来访者（或者你无法识别的客户），弹出一个"初次来访？"的界面欢迎他们，并邀请他们与你对话：引导他们了解你的网站，获取一些免费信息——无论采取何种方式，只要能让他们驻足浏览你的网站，直到建立某种联系为止。

▷ 不要急于说再见

再见常常说得很匆忙——或者完全省去。毕竟，你觉得总算成功地办完了一件事，可以松口气，接着办下一件事了。因此，常常是以一纸发票结束一笔交易。你浪费了多么好的一个机会啊！如果你的客户很满意，那么道别是最后的、最重要的维系你们之间感情的机会，为整个服务画上一个圆满的句号。

在每一次交往结束时，要给客户留下真诚难忘的印象。有许多服务本来可以做得很完美，但最后都急于收场，只是把信用卡交还给客户或简单说句"可以了"或"下一个"就完事。有多少来之不易的客户对你的好感，就这样失去了？很多。

所以，一定要在每次交易结束后，以个性化的方式与客户道别并邀请客户再来。如果做得好的话，这种道别方式将是个人的、能产生共鸣的、并且是持久的（见下文）——但是在结束之前，一定要缓慢而真诚地问最后一句："我还能为您做点什么吗？"如果回答是"没有了，谢谢"，这时就可以按下面的做法结束你的服务了：

1. 道别的方式要特别：每次开口要称呼客户的姓名。合适的话，递上你的名片。除了这些明显的动作以外，灵活调整你的语言，让它符合客户与你之间交往的情况。例如，如果今天是客户在此开会或度假的最后一天，送上你真诚的祝福，祝他一路平安。如果你是做零售业务的，那就对客户说希望买到的产品能让他满意。

2. 产生共鸣：如果合适的话，送一份小小的礼物给你的客户。可以是送给客户孩子的棒棒糖、一张精美的明信片或一本书。最理想的礼物是既能够让客户对你的品牌产生情感上的共鸣，同时又非常适合她的礼物。客户离开时邀请她再次光临。

3. 持久：除非不适合购买的类型，否则购物之后送一封信给你的客户。个人亲手执笔比预先打印的要好——只需 1 美元，但这是你最值得的投资。

道别时的过失

在成功地帮客户解决问题之后，你不应该趁道别之机，变相地向客户推销另外的东西。客户遇到麻烦找到你，你只需要做一件事：解决客户的问题。客户在这种时候特别脆弱，很依赖你，因为你是唯一能够帮助他们的人。此时客户心情不佳，你乘虚而入在最后关头要他们买你的东西，就像是强扭着他们的胳膊胁迫，或是诱人上钩后又乘机偷梁换柱。是的，这时候，他们也许会买你推销的任何东西，但事后他们常常会恨你。

▷ 转包问候和道别的风险

将问候和道别转包给他人时一定要谨慎。当然，转包是生意场上一个必要的环节：如果处理得当，转包是合适的而且也是可取的。但是它也可以成为特洛伊木马，腹中装满敌人，对充满好意的客户来一次彻底的洗劫——有时甚至是在客户还没迎它进门之前就发生了。

我们用戏剧化的语言来描述，是为了确保你对我们说的话特别留意：承包这项服务的服务商，其员工的整体素质、挑选过程、接受培训的标准、他们的仪表和服饰、行为规范——所有这些——都必须绝对与你公司的形象相吻合。从客户的角度来看，如果某个员工穿着带有你公司标志的服装、接听他们的电话或为他们开门，这个员工就是你公司的员工。

更为糟糕的是，许多承包服务的机构在问候和道别的时候出现问题。即使有道理也无济于事："噢，他是保安公司的人"；"噢，他们是停车服务公司的"；或者"很抱歉她在电话里冲你吼——她是临时工。"

本质上，这些话都是哄客户（或是哄你自己的）的招数，无非是让他们接受"那并不是我们。"对于客户来讲，这种说法简直就是胡扯。"如果我从你那儿买了产品，"一位客户这样解释说，"但是由你雇用的其他人来服务，那么，对不起；对我来讲，那就是你的服务。"而且，如果这种草率的服务发生在进门和出门的瞬间，恰恰破坏了一个足以影响客户对你品牌的认知的关键的、以情感人的时刻。

拙劣的欢迎即使不是你的错，你也要补救

尽管你的本意是好的，但还是会出现拙劣的问候或道别。你的员工要认识到这一点并且想法去解决——在它影响到客户的整个体验之前。在服务业富有经验的杰伊·科尔德伦给我们讲述了他早年经历的令他记忆深刻的一件事。那时，杰伊刚刚在一个家喻户晓的乡村酒店和餐厅担任经理。有一对从匹兹堡开车过来的夫妇要在店里住三晚，庆祝他们结婚 25 周年。这次旅行早在一年前就安排好了；这对夫妇在出发前一起翻阅了酒店大厨的烹饪

食谱；给车打了蜡，以便到达酒店时显得很气派；甚至还专门准备了野餐，供路上享用，车程需要 4 个小时。整个旅程计划得很周密，他们尽情享受几乎每一分钟。但不幸的是……

当行李员从车上卸行李时，我们的女房客对她丈夫说，"别忘了我的手提包。"她丈夫看了看后备箱，脸上露出惊慌的表情。显然，她出门时把手提包拿到车库里，放在车旁边以为他会带上，但他压根就没看见。这时，她一定很崩溃：

这位可怜的妇人入住了地球上最昂贵的酒店之一，却除了身上的衣服，其他啥也没带！当门童和我正想办法怎么才能让这对夫妇开心起来，这时，一位比我来得还早，已经在那等候多时的员工开着我们公司的车来到酒店的正门。我奇怪地看着他，他只是微微一笑，然后说，"把他们的钥匙和地址给我；我会在晚餐前赶回来。"我一下就愣住了。没人要求他这么做，而且他没有片刻的犹豫。他已经完全成为服务文化的一部分，他确切地知道该做什么。在那位女士还在将信将疑我们确实在去她家取她的行李时，他已经在开往匹兹堡的半路上了。他一直开了 8 个小时，在他们预定的晚餐 9 点开始前赶了回来。[4]

▷ 现在该作者说再见了

道别是你最后的——或许是最令人难忘的——一次机会，为你所描绘的客户体验画卷添上最后一笔。重要的是要让它起到作用。正如在你即将阅读完本书时，我们也要加上最后一笔，我们想告诉你我们多么感激你和我们一起度过的这段时光。

对本书中谈及的任何话题或者您觉得书中可以讨论得更深入的话题，欢迎您与我们联系；我们将非常高兴收到您的来信。

您可以发邮件给莱昂纳多，邮箱是 Linghilleri@westpaccsconsulting.com。他的咨询公司的口号是"传奇客户服务的建筑师"，他期待着下一个挑战，实现其公司的品牌承诺。

发邮件到 micah@micahsolomon.com 就可以立刻找到迈卡。在这个网站（www.micahsolomon.com），有一些与本书相关的照片和案例，我们觉得这些会对您有所帮助。

再次感谢您花时间阅读这本书，衷心希望您能提供卓越的、建立客户忠诚度的服务。

附　录

我们想给您提供一些在现实生活中如何与员工就服务标准和公司经营理念进行沟通的具体实例。这里举出的三个具体案例，展现了如何鼓励员工预先想到客户的需求。每个实例都是根据公司的具体情况、公司与客户之间的特殊关系精心设计的。我们希望这些例子能够激发您自己探索预期式服务的真谛。

　　绿洲唱片公司的客户沟通与电话沟通指南以及专门用语摘录，展示了如何与客户进行电话沟通和面对面交流、如何选择恰当的语言以及一般性原则。适用于直接与公众接触的员工。此例显示了我们的原则如何应用于迈卡的绿洲唱片公司这个相对不那么正规的企业。它的篇幅正合适，可以做成折成三折的小册子，方便员工在工作场所参阅，也可以摘录其中的内容，做成更方便的口袋书。

　　嘉佩乐酒店和度假村的企业准则／服务标准和经营理念展示了具有相对正规的服务风格的豪华酒店是如何将其服务标准和经营理念浓缩于一本方便携带的简明指导手册的。他们印制的卡片很小，可以做成折子式的折页放在口袋里。这些原则和行动指南可以使员工时刻谨记他们在公司工作的总体目标（手册上企业准则部分）以及在不同情形下与客户和其他员工打交道的关键步骤／要素（服务标准部分）。

CARQUEST 卓越服务标准是我们所提供的最简练、最不正式的例子。它显示了如何将一本简明扼要、方便携带的指导原则和行动指南手册变成适合非正式客户服务场所使用的指南。它的篇幅很短，足以张贴在工作场所的各种地方。

附录涉及的版权如下：

附录 A： © Four Aces Inc., courtesy of Micah Solomon, All Rights Reserved

附录 B： © General Parts, Inc., All Rights Reserved

附录 C： © West Paces Hotel Group, All Rights Reserved

附录 A　绿洲唱片公司

客户沟通和电话沟通指南及专门用语摘录

▷ 客户沟通指南

- **推荐使用的致谢和问候语**

—— "当然"

—— "我很乐意"

—— "马上！"

—— "这是我的荣幸"

—— "很荣幸"

—— "谢谢您！"

—— "不客气！"

—— "不用谢"

——早上好 / 下午好 / 晚上好

- **不鼓励使用的致谢和问候语**

——没问题！（此语只有当你极力让客户相信他们真的没有给你带来不便时才适合使用）

——行！

——嘿。

- **不能接受的致谢和问候语**

——当然啦。

——嗯。（以及其他类似的发音）

——有事吗？（对客户意见作出的反应"嘿，这里是杰瑞客户服务中心。"）

- **更多较好的和欠妥的语言表达方式**

许多情况下，真的是"不在于你说什么，而在于你怎么说"。要记住这一点，说话要小心。

- **恰当的和不恰当的语言举例**

——不可以接受的："您欠……"

——恰当的："我们的记录显示余额为……"（注意：粗暴收款的方法很容易失去客户）。

——不可以接受的："您需要……"

——恰当的:"我们发现这样使用通常会达到最佳效果……"

- **接听电话(外线)**

——欢迎致电绿洲公司,我是(姓名),我可以帮您什么吗?

——感谢您致电绿洲公司,我是(姓名),我可以帮你做点什么吗?

——绿洲公司——早上好,我是(姓名),我可以帮您什么吗?

——绿洲公司——早上好。可否请您稍等一下?(由来电者掌控)

(如果你要运用只适合某个时间段的问候,一定不要搞错时间,不要下午1点说"早上好",或上午10点说"下午好"。)

- **接听电话(内线)**

——前台,我是(姓名),我可以帮您什么吗?

——前台,可否请您稍等一下?

- **道歉**

——我非常抱歉您遇到了这样的问题,请原谅我们。我可以帮您做点什么弥补我们的过失吗?

——我很抱歉，请原谅我们！我马上纠正这个问题……

——我实在抱歉，请原谅我们。我能帮您做点什么吗？

——我很抱歉，我能为您做点什么吗？

- **愉快地道别**

——祝您愉快，再见

——感谢您今天和我们一道工作

——谢谢您致电绿洲公司，再见

▷ **电话沟通指南**

重要理念:

- 致电绿洲公司对致电者而言是一种愉快的体验,会给他带来价值

- 接听外线电话有三个要素:

  1. 亲切问候

  2. 自报家门(确认是绿洲公司和接听电话者的姓名)

  3. 提出帮助

- 与来电者沟通应该热情、真诚和精神饱满(充分展现个性)

- 根据对方的节奏调整语速

- 任何时候都要使用绿洲公司推荐的礼貌用语。不过,每个人可以根据自己的情况在指南内加以选择

- 一旦知道对方的姓名,在合适和可能的情况下以姓名相称。(但不要太过矫情,显得不自然。)

- 总是由致电者掌控通话过程

- 以温馨的道别结束每次通话,如有可能,称呼对方姓名

- 接听内线电话的标准要与外线电话一致(但不是完全等同):

  ——接听内线电话至少应该自报名字并问候对方,或者自报名字并提出帮助。例如:早上好,我是史蒂文!或

者：我是史蒂文，我能帮您什么吗？或是简单一句"您好，我是史蒂文。"

- **例1：（斜体字为来电者）**

——欢迎致电绿洲公司，我是米歇尔，我能帮您什么吗？

——*你好，我想找简……*

——当然可以！很高兴为您转接。转接过程中您是否介意我跟您核对一下您的客户信息，以便我们及时更新您的资料？

——*没问题。*

——（客户服务代表立即更新来电者的资料）

——谢谢您的配合！请稍等……（客户服务代表通知简有她的来电）某某先生，请您继续通话。

——*谢谢！*

——不客气（客户服务代表挂断）

- **例2：（斜体字为来电者）**

——感谢您致电绿洲公司，我是彭妮，我能帮您什么吗？

——*你好，我是比尔·史密斯，我想找马蒂……*

——当然可以！很高兴为您转接。转接过程中您是否介意我跟您核对一下您的客户信息，以便我们及时更新您的资料？

——*不必了，我只想和马蒂说几句！*

——当然没问题，比尔！（客户服务代表没找到马蒂）

——很抱歉，马蒂没有接听，我能为您转到他的语音信箱吗？

——*你能告诉他致电我的号码 404 555 1212 吗。*

——当然可以。我一定把您的口信转给他。我还能为您做点什么吗？

——*没有了，谢谢。*

——不客气，比尔……祝您愉快！

- **总是由致电者掌控**

  ——不要给对方意外！（例如，自动转接到无人接听的线路或转到语音信箱）

  ——同意待机等候（短暂转接除外）

  ——不要让对方超长时间等候（如果没有明确允许，最多让对方等待 1 分钟）

- **来电审查，如果需要的话，必须做得完全隐蔽，不能让来电者知道。**

  永远别说"这通电话的目的是？""您跟谁在一起？""她知道您打电话来是什么事吗？"或者其他带有侮辱性的问题。而是要像上面所述那样促使对方提供信息，或者直截了当说"当然可以——请告诉我您的名字，我好帮您转接？"（注意这句简短的、不露声色的盘问既提出了要求，又解释了这样做的原因，这个原因一定不能明显地表露出他或她是在审查来电。）

（注意——这一点很关键。客户最不喜欢对他的电话盘三问四，所以用词一定要小心。你要让他们觉得在要求他们报上姓名之前，他们就已经通过了审查；你要求他提供的信息一定是有专业用途的，不是他们通过审查的门槛。）

- **不要用免提（除非对方同意）；要等到对方挂了电话你再挂断；"最后一句话"永远由你说：（斜体字为来电者）**

——感谢您致电绿洲公司！我是史蒂文。我能帮您什么吗？

——*早上好……*

——早上好，我是史蒂文！

——*……请帮我接杰瑞·辛菲尔德？*

——很高兴为您服务！请稍候。

——*谢谢！*

——不客气！……杰瑞在线，请继续您的通话。

——*谢谢！*

——不必客气！

▷ 忠告和令人反感的用词

- 如何回答"你好吗"和"你怎么样"可能会影响整个沟通过程。

  ——回答"你好吗？"时，总是既回答你怎么样，并询问客户怎么样。很显然，这是遵循"最后一句话永远由你说"的原则，但这是非常重要的一点，所以又在此重申。

  ——如果被问起你过得怎么样，要毫不含糊地正面回答。"我现在非常好！"或者说"很好"、"好极了"或是类似令人开心的话。* 唯一一种例外，这种情况比较少见，是你真的遇到了不开心的事，而且你对客户比较了解，和他说一下似乎也没什么不合适。

  *（"我很好"可能会听起来有点太过完美，在非正式生意场合会让客户下意识地感到不自在。）

- 转接到语音留言时要准确地使用以下用语："我能帮您转到她的语音信箱吗？"要注意有些人很讨厌语音留言。为此，你还要考虑一些新的选择，比如"等她回到办公室后亲手将留言交给她。"

- 一旦你让客户等候接听：一定要查看他是否还在线上。如有可能，温和地建议客户转到语音信箱。如果客户坚持继续等候，即使你觉得他很固执，也要表示道歉让他久等。注意：绿洲公司很小，我们是活动的。如果客户要求给某人留下便条或者与其他办公室的人通话，即刻去做！

- **绿洲公司几乎没有什么不可以改变的"政策"。（"政策"一词，你绝对不能对客户使用。）如果你发觉自己在拿政策说事，变得越来越缺乏灵活性，那就退到某个角落、缓和一下、喘口气儿，叫别人帮忙。**

- **绿洲公司的人不是势利眼。**

  ——我们精心选择用词只是为了更好地与客户沟通交流，从来不是瞧不起谁或要显得多么正规。

  ——我们不会凭表面印象就预先给别人负面评价。在音乐这个行当，很难讲谁重要谁不重要，所以我们假设每个人对绿洲来说都很重要。

- **避免说"不"。**

  ——即使你要给客户一个确切的（否定）答复，也总有办法把这种打击变得缓和一些："这个想法很有意思；不过我们已经采用了一种对我们真的很有效的方法。要不我和您说一下这种方法？"当最终要说"不"时，提供一种另外的解决办法并表示歉意，使对方容易接受："我很抱歉，贾米森先生，虽然我们无法将您的所有货物一次免费运到马达加斯加，您看我们一晚上发两箱货，费用由我们来付可以吗？"（长话短说：说"不"时后面一定要加一句"是"。）

- **经常查看语音信箱和电子邮箱**

——不看留言的唯一借口就是你在忙于某个很费"思量"的项目，需要你把全部注意力都集中在那儿。（这也是你一开始就让对方电话留言的唯一借口。）如果你不能待在办公室，就换成在电话上留言问候——或在外出时经常查看一下语音信箱中的留言。

- **设置外出留言或留言给他人时，说数字不要太快：** 说任何数字或特殊的姓名时都要放慢语速，而且一定要重复一遍！让人能够从容记下这些小片段，不必再倒回去重放或重新拨打电话听第二次。

- **用电话沟通是有技巧的。要学会这些技巧！**

- **姓氏、分机号码（或直拨电话）以及电子邮箱是"必须提供的信息"：** 语音留言和邮件中都要提供，以方便客户给你回电话。

- **不要以为有这里提到的几条就万事大吉，电话沟通要体现出你是"真实的人"，** 甚至能够和客户以及潜在的客户成为真正的朋友（假使你依然想维护绿洲公司的利益）。

- **我们不只是卖产品。我们关注：我们的客户、他们的音乐**

和他们的梦想。你工作中最重要的部分之一是对客户的项目真正感兴趣。

- **如果某位客户或潜在客户表现粗鲁，记得总是保持礼貌。**

  ——有些人天生比较粗鲁（这是你的态度无法改变的），有些人是因为非常生气而变得粗鲁（这种情况下你的态度会带来很大改变）。记住：保持礼貌。虽然不公平，但这是在绿洲必须遵守的。

- **虽然绿洲在公众场合总是支持客户，但要知道你在背后是受到支持的。**

  ——有时候绿洲不得不为不是我们的/你的错误而道歉——不要觉得管理层不懂。

- **永远不要反驳客户或使客户尴尬。**

  ——如果他们对某事极度生气，很可能他们第二天会对自己的行为感到后悔。

  ——如果客户犯了错，不要向他们指出来，除非绝对有必要。然后让这看起来像是任何人都会犯的小错误似的。

附录 B　CARQUEST 卓越服务标准

我们的座右铭：

出色的队友自豪地服务运动的世界

我们的目标：

提供独一无二的客户服务、创新、

队友机遇和行业领导

我们的承诺：

激情追求卓越

© Copyright 2007, CARQUEST Corporation

"充满服务激情"

我们的卓越服务标准

- 提供独一无二的服务是我个人的职责，也是我们团队的目标。
- 我永远展示我的真诚来赢得和维持客户的信任。
- 我有责任保持店面、设施、工作场所和车辆的清洁。我的仪表、言谈举止体现着品牌的卓越。
- 当我发现问题，我勇于承担，直到解决。我有权确保客户满意并维护他们的忠诚。
- 我建立的良好客户关系会带来终生的客户。
- 我乐于接受各种各样的队友和客户并与他们和睦相处。
- 我会踏出我的职责范围，总是热心帮助我的队友为客户服务。

- 我总是以我坚强的性格和正直的品性维护和提升公司的声誉。
- 我总是彬彬有礼，尊重客户和队友。
- 我喜欢我的工作。我会以饱满的热情、愉快的心情和认真的态度为客户带来愉悦的体验。
- 我有责任保护队友和客户的安全。在我的服务范围内，我自己会注意安全、负起责任。
- 我接受过培训、熟悉业务，能为客户提供卓越的服务。
- 我做事迅速、可靠且反应灵敏。我准时完成任务，敬业又专业。我的表现超出客户的期望。
- 我是一名领导，我率先垂范，在工作上和团队中以身作则。我不折不扣地奉行公司的价值理念。

附录 C　嘉佩乐酒店和度假村企业准则

服务标准和经营理念

准则

CAPELLA
HOTELS AND RESORTS

时代精神

"当下的精神"

我们作为嘉佩乐的专业人员，我们所做的一切要以客户为中心。我们提供：

专享

独有、私隐和豪华的环境，为我们的客人和住户创造舒适的归属感

忠诚

含蓄、优雅和无法言表的服务，由我们的个人的客人和住户来界定和满足他们的个人体验

体验

结合当地文化，为客户开展活动提供友好、周到和个性化的服务，准点守时，尽善尽美

回忆

美好而丰富的回忆，令我们的客人和住户回味无穷

愿景

我们要成为全球服务业的领袖。我们取得的成就和富有价值的贡献对社会产生积极的成就和富有价值的贡献对社会产生

使命

我们的品牌，我们的各个酒店以及其他业务在各自的市场范围内成为无可争议服务效率最大化服务效率最大化

目标

巩固现有客户
拓展新的客户
为每一位客户争取最优利益

服务流程

1. 热情欢迎
眼神交流，面带微笑
仔细观察
尽可能称呼客户的姓名
2. 满足并预想到客户的需求
与客户步调一致
满足客户期望的和明确表达的需求
预见
3. 亲切地提供其他帮助
询问是否需要其他道则

服务标准

1. 准则明确了我们从事这项事业的目标，这一目标在整个组织内共享。

2. 所有人都要知道有时代精神，并使它焕发活力。它是我们对客户的服务承诺的基石。

3. 所有人之间的沟通都要遵循我们的服务流程。

4. 我们互相帮助，不在乎超出自己的职责范围，为我们的客人提供高效的服务。

5. 接听电话时铃响不要超过三声，声音中要带着微笑。用语言体现嘉佩乐的形象。不要将来电进行审查。避免接听让客户等待。

6. 发现问题时在它还没有对客人造成影响之前及时处理正是我们义不容辞的责任。防患于未然是卓越服务的关键。

7. 保证酒店所有的地方都清洁无污。我们负责保持清洁有序，维护设施和整个环境的整洁有序。每个酒店都遵守我们制定的 CARE 章程。

8. 总使用发卡到客户，要马上停下手头的工作，微笑着向他们致以问候并提供帮助。当客人距你不到 3 米（12 英尺）时，要以目光关注他们。

9. 安全保障是每个人的责任。要明白你在紧急情况下的职责，在保护客人和酒店财产中的作用。发现不安全的情况或安全隐患要及时报告，在可能情况下尽快处理。

10. 参与改进工作中的不足之处，不断完善服务是我们共同的责任。

11. 当客人遇到任何问题时，你要勇于承担责任，迅速帮助客人解决任何问题，你有权主动帮助客人解决任何问题，让客人完全满意。按照 QIAF 流程做好相关记录。

12. 陪同客户直到他们可以辨清方向或或能够看到我要去的地方。不要只用手指示方向。

13. 时刻注意愿和关注你的客人、迅速周到、及时地提供服务。

14. 尊重客户个人的时间和隐私，你的服务不能打断或干扰客人的活动，比如向客人签名。

15. 在嘉佩乐的客人是令人难忘的、独特的，积极想办法为彼有特色的客人带来惊喜和愉悦。

16. 保持敏感，根据客人的风格、节奏、情绪和所处的独特环境来调整我们的服务，带给客户个性化的体验。

17. 我们的仪表、装饰得体的个人形象要端庄得体。避免使用与嘉佩乐的形象不符的用语，如"喂""你好""行""没问题""伙计"，等等。

18. 建议的营业时间只是参考，为满足客户的愿望和需要，不必拘泥于限定的服务时间。

19. 我们得到授权并受命满足客人的需求。为了提供个性化的服务，我们要在客人到达之前和入住期间充分了解他们的独特需求和喜好。

20. 为我们的客人创造嘉佩乐的体验和特有的话动。还要熟悉当地的特色、历史和特殊文化。了解客人的文化和特有的活动，认识至关重要。知道客人所有的服务。

21. 保密是嘉佩乐最重要的原则。不得向媒体和公司以外的任何人透露关于我们的酒店和客人的信息。如果有人要求你提供信息，请报告总经理。

22. 在工作场所内外都要积极行动，为我们的酒店和彼此创造良好的环境和声誉是我们的责任。

23. 所有形式的书面沟通（标牌、信函、电子邮件、手写便条、留言等等）都要体现嘉佩乐的形象。

24. 作为专业服务人员，我们对待我们的客人有礼，尊重和自尊和自尊对待我们的客人和同事。

注　释

▷ 第 3 章

1. For more on Danny Meyer's approach to hospitality (the term he refers to "service"), we recommend his Setting the Table: The Transforming Power of Hospitality in Business, HarperCollins, New York, 2006.

2. Elizabeth Loftus, Memory, Ardsley House, New York, 1980, pp. 24-25.

3. Phoebe Damrosch, Service Included: Four-Star Secrets of an Eavesdropping Waiter, William Morrow, New York, 2007.

4. New York Times, September 24, 2007: "Walmart.com to Customers: Stop Calling."

▷ 第 5 章

1. Gary Heil, Tom Parker, Deborah C. Stephens, One Size Fits One, Wiley, New York, 1999, p. 43.

2. Harvard Business Review, March 2006.

3. Seth's Blog entry, December 11, 2007, www.sethgodin.com

▷ 第 6 章

1. Bill Bryson, A Walk In The Woods, Broadway Books, 1999.

2. Edmund Lawler: Lessons in Service from Charlie Trotter, Ten Speed Press, Berkeley, CA, 2001.

3. A caution: Such changes should be made carefully, intelligently, and flexibly. The routines of the professional kitchen—like other artisanal environments—have developed over centuries. Thousands of subtle details and "tradeskills" are embedded in the traditional kitchen's routines, and in those who have apprenticed in them. When applying a modern manufacturing-based approach to such an environment, the unique advantages of the artisanal traditions must be preserved along with the advantages of the new ways you bring in. This kind of integration requires a soft touch.

▷ 第 7 章

1. Martin E. P. Seligman, PhD, Learned Optimism: How to Change Your Mind and Your Life, Free Press, NY, 1998, p. 257.

▷ 第 9 章

1. Carl Sewell and Paul B. Brown, Customers for Life: How to Turn That One-Time Buyer into a Lifetime Customer, Broadway Business, Revised ed., 2002, p. 13.

▷ 第 10 章

1. http://www.wired.com/techbiz/it/magazine/16-03/ff_free

2. Keyboard, December 1, 2008.

3. Mark Penn and E. Kinney Zalesne, Just 1%: The Power of Microtrends, Change This, Milwaukee, WI, 2007, p 8. Viewable at www.changethis.com.

4. New York Times, "At Netflix, Victory for Voices Over Keystrokes," August 16, 2007.

5. CD Baby confirmation letters as of April 2009.

6. Henry David Thoreau, Walden; or, Life in the Woods, Ticknor and Fields, Boston, 1854.

7. Seth Godin, Seth's Blog, January 31, 2008. Longer and much-worth reading discussion in his book Permission Marketing, Simon & Schuster, New York, 1999.

8. Amazon.com CTO Werner Vogel's blog entry, http://www.allthingsdistributed.com/2006/06/you_guard_it_with_your_life.html

9. http://www.joystiq.com/2008/05/06/wii-fit-sells-out-on-amazon-2-5-units-sold-every-minute/

▷ 第 11 章

1. Elizabeth Loftus, Memory, pp. 24-25.

2. The Odyssey, Homer, translated by Robert Fagles, introduction by Bernard Knox, Penguin Classics, New York, 1996.

3. Danny Meyer, Setting the Table, p. 215.

4. Personal Courtesy of Jay Coldren, December 2007.

致　谢

谨以此书献给所有从事服务行业的专业人员，是他们让我们有了许多难忘的经历，丰富和照亮我们日常的生活。

在此，我想感谢我的爱妻索朗热，她的耐心和无条件支持，让我能够不断追求我的职业目标和梦想。在过去的23年里，索朗热的智慧和对生活实事求是的态度使我能够立足现实、脚踏实地，我的许多想法和理念都征询过她的意见。我还想感谢我两个优秀的儿子，詹卢卡和尼科洛（不仅是因为他们从独特的视角和我分享了什么是他们眼中的酷和不酷！）。

　　我还想感谢霍斯特·舒尔茨——我的"老板"、朋友、导师和合作伙伴——他教给了我所有需要了解的关于卓越客户服务的关键。霍斯特对卓越的高度关注和对完美的无人能及的追求，是激励他走向成功的动力和源泉。

　　最后，我想感谢我的挚友迈卡，他的聪明才智以及诙谐幽默的风格从一个全新的维度诠释了我们在本书中所展现的商业理念；我们在共同创作中度过了一段相当美好的时光。

莱昂纳多·因基莱里

佐治亚州亚特兰大

　　献给我挚爱和聪慧的妻子、我的家人、我的朋友、我曾经和现在的绿洲唱片公司的同事、托尼、莫里斯、AVL 的团队，以及我的客户：你们如此耐心地教会了我许多东西——容忍我在过去那些年里一次又一次的失败，那时我还在学习本书中所讲述的内容。

　　献给远比我聪明的兄弟，阿里·所罗门，我们睿智而亲切的编辑鲍勃·尼尔肯德以及美国管理协会出版社的团队，比尔·格拉德斯通、加雷思·布朗文、汤姆·伯德特、赛斯·高汀、理查德·伊森、凯西·莫斯卡、拉杰什·塞蒂、以及 ChangeThis/800-

CEO-READ 网站的员工，里克·沃尔夫和凯琳·卡尔马兹·鲁迪、梅根·平卡斯·卡吉塔尼（"简·张-卡岑伯格"[第 3 章]），最重要的是，莱昂纳多：没有你，就不可能有这本书。

谢谢你们，非常感谢。

迈卡·所罗门

宾夕法尼亚州费城

出版后记

　　周鸿祎在书中自述："什么是用户体验？超出用户的预期才叫体验。"雷军在接受媒体的采访时说："口碑的真谛是超越用户的期望值。海底捞看上去不是很豪华，但它的服务超越了我们的期望值，所以我们觉得好。相反，我去了迪拜的帆船酒店，大家都说那是全球最好的酒店，但我无比失望，因为去之前我的期望值太高了，而我的失望也并不是他们真的差。所以，口碑的核心就是超越预期。"在各行各业产能过剩的市场背景下，如何赢得用户的心？两位新经济的领袖不约而同地给出了答案：超越用户预期。

超越用户预期，从而赢得更多忠诚的客户，这需要很多技巧，这本书把两位作者数十年的成功经验和盘托出了。莱昂纳多·因基莱里管理下的丽丝卡尔顿酒店、宝格丽酒店、迪士尼公司，多年来一直拥有大量忠诚的拥趸；迈卡·所罗门则把绿洲唱片公司打造成了娱乐和科技产业的领导者，众多的追随者一度引得众多商业出版物跟风报道。这两人的合作保证了本书的某些内容必能让读者有所收获。

本书涵盖了超越用户预期的所有主要方面，各章内容组成一个有机结合的整体。先介绍服务的最高境界，然后提出客户满意的四要素：完美的产品、由细心周到的人员提供、及时的服务以及有效的问题解决过程。后面各章则围绕这四要素展开，从运用语言到补救服务失败、掌握客户信息、建立高效流程，再到建立员工忠诚度、卓越领导力，以及在网上和线下建立客户忠诚度的不同方法。附录则提供了绿洲唱片公司的客户沟通和电话沟通指南、嘉佩乐酒店和度假村的服务标准和经营理念。这些超越用户预期的真实例子，应该会为您提供一些借鉴。

至于如何提升公司的经营和团队管理水平，后浪出版公司近期陆续出版了《故事思维》《10人以下小团队管理手册》《内向者沟通圣经》《规则颠覆者》等新书，期待您的关注。

服务热线：133-6631-2326　188-1142-1266

读者信箱：reader@hinabook.com

后浪出版公司

2017 年 5 月

图书在版编目（CIP）数据

超预期：智能时代提升客户黏性的服务细节 / (美) 莱昂纳多·因基莱里，(美) 迈卡·所罗门著；杨波译 . -- 南昌：江西人民出版社，2017.11

ISBN 978-7-210-09719-8

Ⅰ.①超… Ⅱ.①莱… ②迈… ③杨… Ⅲ.①企业管理—销售管理

Ⅳ.①F274

中国版本图书馆CIP数据核字 (2017) 第210577号

Exceptional Service, Exceptional Profit: The Secrets of Building a Five-Star Customer Service Organization
Copyright ©2010 Leonardo Inghilleri and Micah Solomon.
Published by AMACOM, a division of the American Management Association, Internatioal, New York.
All rights reserved.
Simplified Chinese edition published © 2017 by Ginkgo (Beijing) Book Co., Ltd.

版权登记号：14-2017-0396

超预期：智能时代提升客户黏性的服务细节

著者：[美] 莱昂纳多·因基莱里　迈卡·所罗门　译者：杨波
责任编辑：辛康南　特约编辑：高龙柱　筹划出版：银杏树下
出版统筹：吴兴元　营销推广：ONEBOOK　装帧制造：墨白空间
出版发行：江西人民出版社　印刷：北京盛通印刷股份有限公司
889 毫米 × 1194 毫米　1/32　8.25 印张　字数 156 千字
2017 年 11 月第 1 版　2017 年 11 月第 1 次印刷
ISBN 978-7-210-09719-8
定价：45.00 元
赣版权登字 –01-2017-639